# जनसंख्या असंतुलन

## एक चुनौती

# जनसंख्या असंतुलन
## एक चुनौती

डॉ. प्रवीण दाताराम गुगनानी

प्र
प्रभात
प्रकाशन

*प्रकाशक*
**प्रभात प्रकाशन प्रा. लि.**
4/19 आसफ अली रोड, नई दिल्ली–110002
फोन : 011–23289777 • हेल्पलाइन नं. : 7827007777
इ–मेल : prabhatbooks@gmail.com ❖ वेब ठिकाना : www.prabhatbooks.com

*संस्करण*
2026



*पेपरबैक मूल्य*
एक सौ पच्चीस रुपए

*मुद्रक*
आर–टेक ऑफसेट प्रिंटर्स, दिल्ली

★

**JANSANKHYA ASANTULAN : EK CHUNAUTI**
*by* Dr. Praveen Dataram Gugnani

Published by **PRABHAT PRAKASHAN PVT. LTD.**
4/19 Asaf Ali Road, New Delhi-110002

ISBN 978-93-5266-822-9

₹ 125.00 (PB)

"मैं दुर्घटनावश हिंदू हूँ।"

**—जवाहर लाल नेहरू** *(प्रथम कांग्रेसी प्रधानमंत्री)*

"इस देश के संसाधनों पर पहला हक अल्पसंख्यकों का है।"

**—मनमोहन सिंह** *(अंतिम कांग्रेसी प्रधानमंत्री)*

---

## समर्पित

उस हिंदू मानसिकता को, जो
उपर्युक्त दो कथ्यों से उपजे संत्रास,
वेदना तथा व्यथा को सहन कर रही है।

***—डॉ. प्रवीण दाताराम गुगनानी***

# आत्मकथ्य

दिसंबर 17 के पहले सप्ताह में 'राष्ट्र निर्माण न्यास' के प्रमुख व सुदर्शन चैनल के संस्थापक डायरेक्टर सुरेश चौहान के. जी से चर्चा हुई थी। यह चर्चा नमो शृंखला की मेरी तीसरी पुस्तक के बैतूल (म.प्र.) में होनेवाले विमोचन में आतिथ्य स्वीकारने के आग्रह के साथ मैंने की थी। मेरी पुस्तक विमोचन के इस कार्यक्रम में आने हेतु सुरेशजी ने बड़ी ही सहजता से आने का पूरा हृदय प्रदर्शित किया, किंतु 'जनसंख्या असंतुलन' पर केंद्रित उनकी फरवरी की यात्रा की तैयारियों के नाम पर उन्होंने क्षमापूर्वक आने से इनकार कर दिया। सुरेश चौहान के. जी मेरे कार्यक्रम में आए नहीं, किंतु उन्होंने दो उदारतापूर्ण कार्य किए। एक उन्होंने मेरी पुस्तक के विमोचन कार्यक्रम हेतु एक सुंदर, अर्थपूर्ण व शुभेक्षु वीडियो संदेश भेजा व इस संदेश में ही उन्होंने मुझसे उनकी 'जनसंख्या असंतुलन' पर कश्मीर से कन्याकुमारी तक की यात्रा के संदर्भ में जनसंख्या असंतुलन पर एक पुस्तक लिखने का आग्रह रख दिया। यद्यपि सुरेशजी ने जितना समय मुझे पुस्तक लिखने हेतु दिया, वह अत्यल्प नहीं अपितु अत्यंत अत्यल्प था, तथापि उनके प्रेमपूर्ण, सार्थक व चुनौतीपूर्ण प्रस्ताव को मैं भी अपने स्वभाव के अनुरूप 'न' नहीं कह पाया। इस प्रकार इस पुस्तक की कल्पना सुरेश चौहान के. जी के आग्रह के साथ ही साकार होने की तरफ बढ़ चली थी। पुस्तक लिखने के लगभग 35 दिनों के मध्य सुरेश चौहान के. जी से मेरा निरंतर या यों कहिए कि प्रतिदिन ही संवाद हो जाता था। अपनी तमाम व्यस्तताओं के मध्य सुरेशजी द्वारा मेरा संदेश मिलने के साथ ही मुझसे त्वरित फोन संपर्क करना व 20-30 मिनट के फोन काल करना मुझमें ऊर्जा भर देता था। फोन पर चर्चा के मध्य दौरान सुरेशजी जिस प्रकार 'जनसंख्या असंतुलन' पर चिंतित, व्यथित व परिवर्तन के आकांक्षी होने का साक्षात् आभास देते थे, उससे उनका राष्ट्रप्रेम व समर्पण दोनों प्रदर्शित होते थे। सुरेशजी के लक्ष्य के प्रति समर्पण भाव ने मुझे इस पुस्तक लेखन हेतु भावविभोर कर दिया था।

सामान्यत: जिन विषयों पर मेरा लेखन और विचारों की दिशा रहती है, वे समस्त विषय 'जनसंख्या असंतुलन' के विषय की मूल भावना अर्थात् राष्ट्रवाद व राष्ट्र-आराधना

के भाव से ही भरे पूरे होते हैं, अतः यह विषय मेरे लिए चुनौतीपूर्ण अवश्य था, किंतु अपरिचित व अछूता कतई नहीं था। भारत में 'जनसंख्या असंतुलन' को 'तुष्टीकरण' से संबद्ध करने का अभिनव प्रयोग मुझे इस पुस्तक लेखन के दौरान ही करने की प्रेरणा व कल्पना हुई मिली। इस विषय पर मेरे अध्ययन के दौरान मैंने जितना भी पढ़ा, उसमें कहीं भी 'जनसंख्या असंतुलन' के साथ किसी लेखक ने तुष्टीकरण को संबद्ध नहीं किया हुआ दिखाई दिया। क्षेत्रीय परिस्थितियों का जनसंख्या केंद्रित अध्ययन करना इस पुस्तक की सहज व स्वाभाविक विषयवस्तु हो सकती थी; किंतु मेरे मानस को यह स्वीकार्य नहीं हुआ। इस पुस्तक को सांख्यिकी, आँकड़ों या जोड़-घटाने से सर्वथा भिन्न भावपूर्ण किंतु तथ्यात्मक रूप देने का मानस प्रारंभ में ही बन गया था, अतः कोई दुविधा नहीं रही। दुविधा के अभाव में इस पुस्तक को सरकारी या अन्य संस्थान जन्य आँकड़ों से इतर करके इतिहास 'विशेषतः तुष्टीकरण के इतिहास' के साथ आगे बढ़ाने में मस्तिष्क रुचिकर, आनंदमय व उत्साहित होकर लिखने लगा। यहाँ यह भी स्पष्ट कर दूँ कि ऊपर जिस आनंद की चर्चा मैंने की है, उसे केवल आत्मसंतुष्टि से जोड़कर देखा जाना चाहिए, क्योंकि लेखन के दौरान जिन तथ्यों व परिस्थितियों का चित्रण मैंने किया है, वे आनंद नहीं अपितु चिंता, संत्रास व आशंकाओं को सतत व्यक्त करते हैं। इस चिंता, संत्रास व आशंकाओं को जितना पाठक पढ़कर आभास करेंगे उससे शतगुणित पीड़ा को मैंने लेखन के मध्य भोगा है।

यह पुस्तक आप सुधीजनो के कर-कमलों में है तो मात्र सुरेशजी के 'राष्ट्र निर्माण न्यास' की योजना व कल्पना से ही है। मैं स्वयं लेखक के रूप में इस पुस्तक में माध्यम मात्र ही हूँ। इस न्यास की 'जनसंख्या असंतुलन' केंद्रित कश्मीर से कन्याकुमारी व कन्याकुमारी से निकलकर दिल्ली में समापन तक की यह यात्रा अपने दीर्घकालीन लक्ष्यों को प्राप्त करे, इस राष्ट्र को इस विकराल समस्या से मुक्ति दिलाने में सूत्रधार सिद्ध हो, यही प्रभु श्रीराम से प्रार्थना है।

सादर,

**—डॉ. प्रवीण दाताराम गुगनानी**
47, टैगोर वार्ड, बैतूलगंज, बैतूल-460001 (म.प्र.)
guni.pra@gmail.com

# प्रस्तावना

श्री प्रवीण गुगनानी एक जागरूक नागरिक का उत्तरदायित्व बखूबी निभा रहे हैं। सामाजिक एवं राजनीतिक हर हलचल पर उनकी पैनी दृष्टि सदैव लगी रहती है। इसी का परिणाम है कि उन मसलों पर अपना मंतव्य अभिव्यक्त करने में पीछे नहीं रहते। वे एक सिद्धहस्त लेखक हैं। उनकी लेखनी निरंतर सक्रिय रहती है। परिणामस्वरूप ज्वलंत प्रश्नों पर उनकी पुस्तकें लगातार प्रकाशित हो रही हैं।

देश में भाँति-भाँति के ज्वलंत प्रश्न तथा समस्याएँ हमें सतत चिंता में डाले रहती हैं। इन्हीं में से एक प्रश्न जनसंख्या के असंतुलन का भी है। एक ओर बेतहाशा जनसंख्या वृद्धि हमारी समस्या है, वहीं सांप्रदायिक आधार पर जनसंख्या का असंतुलन भविष्य में नए संकट खड़े करनेवाला है। क्योंकि मत व संप्रदाय का अनुशीलन अब केवल आस्था एवं आत्मोन्नति का विषय नहीं रह गया है। हमने लोकतांत्रिक व्यवस्था को अपने देश के लिए चुना है और लोकतंत्र में मनुष्य के सिरों की गिनती महत्त्वपूर्ण होती है। परकीय व देशी मत-संप्रदाय लोकतंत्र में अपना प्रभाव जताने के लिए मत-संप्रदाय को हथियार के रूप में प्रयोग कर रहे हैं।

इसी कारण मतांतरण, घुसपैठ, जातिगत भावनाओं को भड़काने के कार्य बड़े पैमाने पर हो रहे हैं। राजनेता इसके परिणाम को अच्छी तरह जानते हैं, परंतु तात्कालिक लाभ व स्वार्थ के चलते वे इन गतिविधियों को रोकने के स्थान पर आग में घी डालने का काम करते हैं।

श्री प्रवीण गुगनानी की प्रस्तुत पुस्तक जनसंख्या असंतुलन के विभिन्न पहलुओं को स्पष्ट करनेवाली है। पुस्तक में सरकारी आँकड़ों के आधार पर तर्कयुक्त निष्कर्ष प्रस्तुत किए गए हैं।

जनसंख्या नियंत्रण के उपायों का प्रयोग न कर अपने समुदाय की जनसंख्या बढ़ाना, घुसपैठ को प्रोत्साहन देकर अपना समर्थक वर्ग बढ़ाना तथा क्षेत्र विशेष में मतांतरण कर विधायिका के निवार्चन को प्रभावित करने का कुचक्र बेखौफ जारी है। इस ओर पुस्तक के पहले अध्याय में ध्यान आकर्षित किया गया है।

अत: मतांतरण केवल व्यक्तिगत आस्था की बात न होकर राष्ट्रांतरण का षड्‌यंत्र है। गत इतिहास से भी स्पष्ट होता है कि जिस क्षेत्र में हिंदू अल्पसंख्यक हुआ, वह क्षेत्र कालांतर में देश से अलग हो गया। अफगानिस्तान, पाकिस्तान, बँगलादेश इसके प्रत्यक्ष उदाहरण हैं।

दूसरे तथा तीसरे अध्याय में हिंदुओं की उदासीनता और कतिपय जागरूक नागरिकों तथा संस्थाओं द्वारा किए जा रहे प्रयासों का लेखा–जोखा है। साथ ही यह भी स्पष्ट किया गया है, देश के कानून व नियमों को पालन करनेवाला किस तरह इन षड्‌यंत्रों का शिकार हो रहा है। और जो इसकी अनदेखी करते हैं, वे सब प्रकार का संरक्षण प्राप्त कर रहे हैं। इन षड्‌यंत्रों के विरोध में उठनेवाले स्वर क्योंकर दबाए जाते हैं। क्यों इन बातों को उठानेवालों को हेय दृष्टि से देखा जा रहा है। साथ ही जनगणना नीति पर भी कुछ सवाल खड़े किए गए हैं।

चौथे अध्याय में जनसंख्या असंतुलन से विश्वशांति को उत्पन्न खतरे की ओर इंगित किया गया है। केवल भारत ही नहीं, विश्व भी इस समस्या से पीड़ित व चिंतित है।

पाँचवें अध्याय में मुस्लिम दाँव–पेंच की असलियत बताई गई है कि वे किस प्रकार अपनी योजना को अमली जामा पहना रहे हैं।

छठवाँ अध्याय अल्पसंख्यक समस्या की ओर ध्यान आकर्षित करता है। अल्पसंख्या के नाम पर किस प्रकार खेल खेला जा रहा है। निदान के रूप में यह बताया गया है कि राष्ट्रीय स्तर पर अल्पसंख्यक का निर्धारण न होकर स्थानीय स्तर पर अल्पसंख्यक घोषित किए जाने चाहिए। इसके लिए अल्पसंख्यक के बारे में मूल अवधारणा को बदलना होगा। अत: इसे फिर से परिभाषित किया जाना चाहिए।

इसी संदर्भ में कश्मीर की स्थिति का विशद वर्णन करते हुए श्री गुगनानी ने सातवें अध्याय में स्पष्ट किया है कि कश्मीर समस्या किस प्रकार विकराल हुई है। किस प्रकार इसे बढ़ाया गया।

आठवें अध्याय में जनसंख्या नियंत्रण के उपायों द्वारा समस्या पर काबू पाने के उपाय बताए गए हैं। प्रश्न यह है कि इन उपायों पर अमल कौन करेगा और कब हो सकेगा।

नौवें अध्याय में असम में बढ़ती घुसपैठ का कच्चा चिट्‌ठा दिया गया है। घुसपैठ पर नियंत्रण न होने से समस्या के बढ़ते जाने तथा पैदा हुए असंतुलन के कारण उत्पन्न समस्या से अपनी बात की पुष्टि श्री गुगनानी करते हैं।

दसवें अध्याय में मुसलिम इतिहास के माध्यम से खतरे की गंभीरता से अवगत कराया गया है।

सप्रमाण, तर्कयुक्त विश्लेषणों की प्रस्तुति के कारण पुस्तक प्रामाणिक बनी है। पाठक को विचार के लिए पर्याप्त सामग्री देने के साथ अपने स्तर पर कुछ करने के लिए प्रेरक भी बन पड़ी है।

श्री प्रवीण गुगनानी की अब तक आई पुस्तकों की भाँति इस पुस्तक का भी सहृदय बुद्धिजीवी पाठक स्वागत करेंगे, यह विश्वास है।

शुभकामनाओं के साथ,

**—श्रीधर पराड़कर**
राष्ट्रीय संगठन मंत्री,
अखिल भारतीय साहित्य परिषद्

# अभिमत

विगत दिसंबर, 17 में श्री प्रवीण गुगनानीजी से चर्चा हुई थी, जब उन्होंने मुझे अपनी एक पुस्तक विमोचन के कार्यक्रम में बैतूल (म.प्र.) आमंत्रित किया था। बैतूल तो मैं आ न सका, क्योंकि जनवरी से मेरी देश भर की 100 दिनों की सड़क यात्रा आरंभ होनेवाली थी। कश्मीर से लेकर कन्याकुमारी तक की यह यात्रा 'भारत में जनसंख्या असंतुलन' विषय को लेकर जनजागरण हेतु है। प्रवीणजी से मैंने दिसंबर 17 में हुई उस चर्चा में ही जनसंख्या असंतुलन को लेकर एक पुस्तक लिखने का आग्रह किया था। मुझे प्रसन्नता है कि मेरे उस आग्रह को प्रवीणजी ने बड़ी गंभीरता से लिया और इतने अल्प समय में इतने बड़े, गंभीर व तथ्य आधारित विषय को कुशलतापूर्वक एक पुस्तक के रूप में प्रस्तुत कर दिया है। देश में असंतुलित जनसंख्या के चौंकानेवाले आँकड़ों के बीच देश में हिंदू विरोधी इस षड्यंत्र से लोगों को परिचित करवाने और राष्ट्रीय स्तर पर इस समस्या के निराकरण के लक्ष्य को लेकर कश्मीर से कन्याकुमारी से दिल्ली तक की यात्रा को एक पुस्तक में समेटने का कार्य आसान नहीं था, लेकिन प्रवीणजी की कुशल और समर्पित लेखनी के समक्ष यह कार्य दुष्कर नहीं रह गया। उन्होंने बहुत ही दक्षतापूर्वक इतने बड़े और दुरूह विषय को इतने कम समय में एक पुस्तक में समेटने का जो अद्भुत कार्य किया है, वह सराहनीय और अनुकरणीय है। मैं इस पुस्तक और पुस्तक-संदेश के अधिकतम लोगों तक प्रसार की शुभकामनाएँ देता हूँ।

आज भारत में खतरनाक रूप से बढ़ती असंतुलित जनसंख्या के कारण देश की एकता, अखंडता, संप्रभुता तथा लोगों की धार्मिक स्वतंत्रता के अधिकारों पर गंभीर खतरा उत्पन्न हो गया है। देश में बहुसंख्यक हिंदू समाज की जनसंख्या धीरे-धीरे घटती जा रही है, जबकि अल्पसंख्यक माने जानेवाले मुसलिम समाज की जनसंख्या सुनियोजित और खतरनाक तरीके से इस कदर बढ़ाई जा रही है कि देश के कई इलाकों में मुसलिम या तो बहुसंख्यक हो चुके हैं या होने के कगार पर हैं। ध्यान रहे कि सन् 1947 में देश का बँटवारा धर्म के आधार पर ही हुआ था। यद्यपि करोड़ों हिंदुओं की लाश बिछाकर हुए विभाजन के बावजूद भारत अभी तक धर्मनिरपेक्ष ही बना रहा है, लेकिन आज एक बार

फिर वैसी ही चुनौती देश के सामने उत्पन्न हो रही है, क्योंकि बहुसंख्यक हिंदू समाज परिवार कल्याण को प्राथमिकता देते हुए कम बच्चे पैदा कर सरकार की नीतियों का अनुसरण कर रहा है, तो दूसरी ओर अल्पसंख्यक मुसलिम समाज बेरोकटोक बच्चे पैदा कर जनसंख्या में असंतुलन पैदा कर रहा है।

भारत बचाओ महा रथयात्रा की आवश्यकता क्यों पड़ी? देश के इस जनसांख्यिकीय असंतुलन के आँकड़े विचलित करनेवाले हैं।

आज स्थिति यह है कि देश का बहुसंख्यक हिंदू समुदाय सात राज्यों तथा एक केंद्र शासित प्रदेश में अल्पसंख्यक हो गया है। कुछ प्रदेश तो ऐसे हैं, जहाँ हिंदुओं की जनसंख्या 10 प्रतिशत से भी कम है। 2011 की जनगणना के आँकड़ों के अनुसार मिजोरम, नागालैंड, मेघालय, जम्मू-कश्मीर, अरुणाचल प्रदेश, मणिपुर और लक्षद्वीप में हिंदू समुदाय अल्पसंख्यक है। ये प्रदेश ईसाई या मुसलिम बहुल हो गए हैं। कई प्रदेशों की जनसंख्या में हिंदुओं का अनुपात तेजी से कम हुआ है। राज्यवार देखें तो मिजोरम ऐसा राज्य है, जिसकी कुल आबादी में हिंदुओं का अनुपात काफी कम है। 2011 की जनगणना के अनुसार मिजोरम में मात्र 2.75 फीसद हिंदू हैं। 2001 में वहाँ 3.55 फीसद हिंदू थे, लेकिन बीते दस वर्षों में उनकी आबादी का प्रतिशत घट गया। इसी तरह लक्षद्वीप में 2001 में 3.66 प्रतिशत हिंदू थे, जो 2011 में घटकर मात्र 2.77 फीसद रह गए हैं। इसी तरह जम्मू-कश्मीर में भी हिंदुओं का प्रतिशत 29.63 से घटकर 28.44 रह गया है। पूर्वोत्तर के ही नागालैंड और मेघालय में भी हिंदू अल्पसंख्यक हो गया हैं। इन दोनों प्रदेशों में हिंदुओं की आबादी क्रमश: 8.75 प्रतिशत व 11.53 प्रतिशत है। मणिपुर में हिंदुओं की आबादी 41.39 प्रतिशत है, जबकि 2001 में यह 46.01 प्रतिशत थी। इसी तरह अरुणाचल प्रदेश में हिंदुओं की आबादी 34.60 से घटकर 29.04 प्रतिशत रह गई है।

जिन राज्यों में हिंदू अल्पसंख्यक हैं, उनमें से अधिकांश में उनकी जनसंख्या वृद्धि की दर भी बहुत कम है। नागालैंड में तो 2001 से 2011 के बीच हिंदुओं की वृद्धि नकारात्मक रही। 2001 से 2011 के बीच पूरे देश में जहाँ हिंदुओं की जनसंख्या में 16.8 प्रतिशत वृद्धि हुई, वहीं केरल में मात्र 4.9 प्रतिशत और लक्षद्वीप में 6.3 प्रतिशत की दर से हिंदुओं की संख्या बढ़ी। अल्पसंख्यक हिंदू वाले राज्यों में कश्मीर व पूर्वोत्तर की स्थिति अत्यंत चिंताजनक हो गई है। वर्तमान परिस्थितियों में देश की एकता और अखंडता के सामने बड़ी चुनौतियाँ हैं। इसमे कोई शंका नहीं कि हिंदुस्तान की आंतरिक सुरक्षा, एकता व अखंडता तभी संभव है, जब हिंदू समाज बहुसंख्यक बना रहे। देश में आज जनसांख्यिकीय परिवर्तन की इस गंभीर चुनौती को देखते हुए जनसंख्या नियंत्रण हेतु एक कठोर कानून के निर्माण की गहन आवश्यकता महसूस की जा रही है। राष्ट्रीय सुरक्षा,

एकता, अखंडता और संप्रभुता से जुड़ी इस गंभीर समस्या का निदान बिना कठोर कानून बनाए संभव नहीं है। इसीलिए 'राष्ट्र निर्माण संगठन' के बैनर तले देश में जनसंख्या नियंत्रण कानून बनाने के लिए केंद्र सरकार, संसद् और तमाम राजनीतिक दलों पर दबाव बनाने के लिए राष्ट्रव्यापी 'भारत बचाओ यात्रा' के आयोजन का हमने निर्णय लिया।

'भारत बचाओ' महा रथयात्रा का अखिल भारतीय विराट स्वरूप

देश में जनसंख्या नियंत्रण के मुद्दे पर राष्ट्रव्यापी जन-जागरण के उद्देश्य से पहली बार आयोजित यह ऐतिहासिक यात्रा 18 फरवरी, 2018 को जम्मू से शुरू हुई और देश के सभी प्रमुख राज्यों से गुजरती हुई 20 हजार किलोमीटर की दूरी तय कर 22 अप्रैल, 2018 को दिल्ली पहुँची। जम्मू, अमृतसर, लुधियाना, चंडीगढ़, रोहतक, हरिद्वार, देहरादून, गाजियाबाद, लखनऊ, गोरखपुर, वाराणसी, गया, पटना, राँची, कोलकाता, भुवनेश्वर, कटक, गुंटूर, हैदराबाद, तिरुपति, चेन्नई, पांडिचेरी, मदुरै, तिरुवनंतपुरम, एर्नाकुलम, बैंगलोर, मैसूर, कन्याकुमारी, कोल्हापुर, मुंबई, पुणे, नासिक, औरंगाबाद, सोमनाथ, द्वारका, सूरत, अहमदाबाद, भोपाल, जोधपुर, जयपुर, आगरा जैसे प्रमुख शहरों में प्रवास करते हुई हमने हर रोज औसतन 3 सौ किलोमीटर की दूरी तय की। देश के हर हिस्से में 'हम दो हमारे दो तो सबके दो' के नारे को लोगों के बीच पहुँचाया।

संपूर्ण देश के भ्रमण और देश भर के लोगों से मिल रही प्रतिक्रियाओं के आधार पर विश्वासपूर्वक कहा जा सकता है कि यात्रा अपने प्रारंभिक उद्देश्यों में पूर्णतः सफल रही। देश भ्रमण के दौरान करीब 10 करोड़ लोगों से प्रत्यक्ष और अप्रत्यक्ष संवाद, 20 हजार किलोमीटर से ज्यादा का सफर, हजार से ज्यादा सभाएँ, 70 दिनों की लंबी अवधि, 2 हजार से ज्यादा संगठनों, 5 हजार से ज्यादा शहरों व 50 हजार गाँवों की सहभागिता आदि ऐसी विशिष्टताएँ रहीं, जिसने यात्रा को अनोखा और अभूतपूर्व बना दिया। पूरी यात्रा के सफल संचालन और समन्वय के लिए हमने अत्याधुनिक तकनीकों का समुचित प्रयोग किया। यात्रा के समन्वय, नियंत्रण और प्रेक्षण के लिए नोएडा में एकीकृत नियंत्रण कक्ष की स्थापना की गई। यात्रा में शामिल वाहनों की निगरानी उपग्रह आधारित जी.पी. एस. नियंत्रित कैमरों के द्वारा की गई इस यात्रा में करीब 100 गाड़ियों का काफिला लगातार चलता रहा, जबकि यात्रा के मार्ग में आनेवाले शहरों, कस्बों और गाँवों से रोज सैकड़ों की संख्या में वाहन भारत बचाओ महा रथयात्रा का हिस्सा बनते रहे। इस दौरान देश में जनसंख्या नियंत्रण कानून बनाने की आवश्यकता बताने के लिए वृत्तचित्रों का प्रदर्शन और कुल 22 भाषाओं में पुस्तिका का वितरण कर जनता को जाग्रत् करने का कार्य किया गया। समूची यात्रा से संबंधित खबरों का प्रसारण देश के विभिन्न चैनलों तथा सोशल मीडिया प्लेटफॉर्म्स के जरिए लगातार किया जाता रहा। विभिन्न समाचार-पत्रों

और पत्रिकाओं ने भी प्रमुखता से यात्रा की खबरों का प्रकाशन किया।

इस यात्रा को सफल बनाने के लिए देश भर में करीब 5000 से अधिक समितियों, संस्थाओं और संगठनों ने अहर्निश कार्य किया। यात्रा को सफल बनाने में हजारों कार्यकर्ताओं, समाजसेवी व धार्मिक संगठनों के नेताओं के अलावा अनेक वरिष्ठ पूर्व सैन्य अधिकारी भी लगातार जुटे रहे।

जय हिंद!

**—सुरेश चह्वाणके**
अध्यक्ष, राष्ट्र निर्माण संगठन
प्रधान संपादक, सुदर्शन न्यूज चैनल

# अनुक्रम

# जनसंख्या असंतुलन पर चिंतन—लक्ष्य परिचय

भारत में जनसंख्या को लेकर मुसलिम व ईसाई धर्म प्रेरित संस्थाओं द्वारा षड्यंत्रपूर्वक धर्मांतरण, लव जिहाद, लैंड जिहाद, प्रति परिवार दस-पाँच बच्चों को जन्म देना आदि गतिविधियाँ बड़े स्तर पर तथा बहुतायत से षड्यंत्रपूर्वक चलाई गई हैं। यही कारण है कि भारत के कई राज्यों, खासकर सीमावर्ती राज्यों में हिंदू जनसंख्या निरंतर कम हुई व मुसलिम व ईसाई जनसंख्या बड़े पैमाने पर तीव्र वृद्धि दर को प्राप्त कर गई है। आज अनेक प्रदेश मुसलिम मतदान से अपना राजनैतिक स्वरूप बदल सकने की स्थिति में आ गए हैं। भारत के 50 से अधिक जिले व सैकड़ों विधानसभाओं में मुसलिम निर्णायक स्थिति में आ गए हैं, अपने मतानुसार राजनैतिक प्रतिनिधित्व विकसित कर सकते हैं। भारत का प्राचीन व वर्तमान इतिहास गवाह रहा है कि देश के जिस हिस्से में भी हिंदू आबादी कम हुई है, वह हिस्सा भारत से टूटकर अलग हुआ है। वस्तुतः यह इतिहास सिद्ध प्रामाणिक धारणा रही है कि विशेषतः मुसलिम धर्म के लोग षड्यंत्रपूर्वक अपनी जनसंख्या बढ़ाकर व योजनाबद्ध तरीके से चिह्नित भू-भाग में निर्णायक शक्ति बनकर उसे मुसलिम राष्ट्र घोषित कराने के अभियान में लगे हुए हैं। आज भारत में अनेक क्षेत्रों में ऐसा स्पष्टतः देखा जा सकता है कि जिन क्षेत्रों में हिंदुओं को अल्पसंख्यक बना दिया गया है, वहाँ भारत विरोधी गतिविधियाँ तेजी से बढ़ जाती हैं और वह क्षेत्र कानून-व्यवस्था की दृष्टि से शासन हेतु एक सिरदर्द व चुनौती बन जाता है।

देश के अधिकांश हिस्सों में यह प्रामाणिकता से दिख रहा है कि इस देश का मूल निवासी बहुसंख्यक हिंदू अपने प्रयासों, श्रम व लगन से जहाँ इस देश को प्रगति-पथ पर अग्रसर कर रहा है, वहीं मुसलिम समाज अपनी उच्चतम प्रजनन दर से इस देश के संसाधनों को खोखला करने व बेतरह दोहन करने के खतरनाक स्वभाव से बाज नहीं आ रहे हैं। आज 'भारत एक राष्ट्र' की दृष्टि से समय की सबसे बड़ी आवश्यकता उभरकर आई है कि हमारे राजनेता, समाज नेता, धर्मगुरु आदि अपने क्षुद्र, निजी स्वार्थों से ऊपर उठकर जनसंख्या असंतुलन के गंभीर खतरों से निपटने हेतु अपनी कमर कस तैयारी करें, अन्यथा

हम व हमारी आनेवाली पीढ़ियाँ अपनी ही जन्मभूमि पर परायों की भाँति रहने को मजबूर हो जाएँगी। पूर्वोत्तर के राज्यों में पांथिक आधार पर हो रहा जनसांख्यिकीय असंतुलन और भी गंभीर रूप ले चुका है। आज अगर हम अरुणाचल प्रदेश की बात करें तो यहाँ की स्थिति अत्यंत चिंताजनक हो गई है।

अरुणाचल प्रदेश एक ऐसा भारतीय भू-भाग है, जहाँ ईसाई आबादी में सबसे अधिक वृद्धि दर्ज हुई है। ईसाई जनसंख्या में यह वृद्धि साफ तौर पर ईसाई मिशनरीज की ओर से बड़े स्तर पर पूर्वोत्तर के राज्यों में चलाए जा रहे सुनियोजित मतांतरण के षड्यंत्रकारी खेल की कलई खोलती है। ईसाई समुदाय की जनसंख्या में 11.5 प्रतिशत की बढ़ोतरी सहज नहीं, बल्कि एक सोची-समझी चाल व षड्यंत्र का एक भाग ही हो सकता है। अरुणाचल प्रदेश में वर्ष 2001 में ईसाई आबादी 18.5 प्रतिशत थी, जो 2011 में बढ़कर 30 प्रतिशत हो गई, जबकि हिंदू आबादी 2001 में 34.6 फीसदी थी, जो कि घटकर 2011 में केवल 29 प्रतिशत रह गई। अरुणाचल प्रदेश में भारत में उत्पन्न मत-पंथों को माननेवाले जहाँ 1951 में 99.21 प्रतिशत थे, वे 2001 में 81.3 प्रतिशत व 2011 में 67 प्रतिशत ही रह गए हैं। केवल एक दशक में ही अरुणाचल प्रदेश में ईसाई जनसंख्या में 13 प्रतिशत की वृद्धि हुई है। अरुणाचल प्रदेश के जनसांख्यिकीय चरित्र में आया यह बदलाव नाटकीय किंतु चिंतनीय हो गया है। इस प्रकार के जनसांख्यिकीय परिवर्तन देश के अन्य हिस्सों में जहाँ-जहाँ ईसाई शक्तिशाली हो गए हैं, वहाँ-वहाँ दोहराया जा रहा है।

पूर्वोत्तर के ही मणिपुर राज्य में भी ईसाई धर्मांतरणकारी संस्थाओं ने अपने धन, बुद्धि व संसाधनों के बल पर ऐसा ही जनसांख्यिकीय विनाश मचाया है। मणिपुर की जनसंख्या में हिंदुओं का अनुपात 1951 में जहाँ 80 प्रतिशत से अधिक था, वह 2011 की जनगणना में 50 प्रतिशत ही रह गया है।

असम में तो बांग्लादेशी घुसपैठियों ने न केवल जनसांख्यिकीय चरित्र बदल दिया, बल्कि वहाँ के मूलनिवासियों का जीना ही हराम कर दिया है। बांग्लादेश से अवैध पलायन के चलते 2047 तक असम में स्थानीय आबादी के सिमटकर अल्पसंख्यक हो जाने का खतरा है। इसके अतिरिक्त देश के सीमावर्ती प्रदेशों, यथा पश्चिम बंगाल व बिहार के सीमावर्ती जिलों में तो मुसलिम जनसंख्या की वृद्धि दर राष्ट्रीय औसत से कहीं अधिक है, जो स्पष्ट रूप से बँगलादेश से अनवरत घुसपैठ का संकेत देती है। माननीय सर्वोच्च न्यायालय द्वारा नियुक्त उपमन्यु हजारिका आयोग के प्रतिवेदन एवं समय-समय पर आए न्यायिक निर्णयों में भी इन तथ्यों की पुष्टि की गई है। यह भी एक सत्य है कि अवैध घुसपैठिए राज्य के नागरिकों के अधिकार हड़प रहे हैं तथा इन राज्यों के सीमित संसाधनों पर भारी बोझ बन सामाजिक-सांस्कृतिक, राजनैतिक तथा आर्थिक तनावों का कारण बन रहे हैं।

भारत में जनसांख्यिकीय असंतुलन एक बहुत बड़ी समस्या बन गया है। राष्ट्रीय, सामाजिक, सांस्कृतिक, शैक्षणिक व आर्थिक स्तर पर यह जनसंख्या असंतुलन भारत को एक खतरनाक दिशा की ओर सतत खींच रहा है। जनसंख्या असंतुलन की ओर व इस कारण से उपज रही कई प्रत्यक्ष-अप्रत्यक्ष समस्याओं की ओर समाज का ध्यान न जाना व समाज में इस संदर्भ में गंभीर विमर्श का प्रारंभ न होना एक विनाशकारी लक्षण है। आज भारतीय समाज की सबसे बड़ी आवश्यकता है कि योजनाबद्ध तरीके से चल रहे जनसांख्यिकीय परिवर्तनों को समाज चिह्नित करे, उसका विश्लेषण करे, उसके कारकों को पहचाने व इस गंभीर समस्या के दुष्परिणामों से देश को बचाने हेतु यत्न-प्रयत्न प्रारंभ करे।

पिछले दिनों जारी जनगणना के आँकड़ों के अनुसार देश में मुसलिम समुदाय की आबादी 2001 से 2011 के बीच 10 साल में 0.8 प्रतिशत की वृद्धि के साथ 17.22 करोड़ पहुँच गई, वहीं हिंदुओं की जनसंख्या इस अवधि में 0.7 प्रतिशत कमी के साथ 96.63 करोड़ रह गई है। भारत की बढ़ती जनसंख्या व इसके बदलते जनसांख्यिकीय चरित्र के कारण जनसंख्या नीति में भारी परिवर्तन की शीघ्र व सख्त आवश्यकता हो गई है।

देश में जनसंख्या नियंत्रण हेतु किए विविध उपाय अपने स्तर पर प्रभावी रहे हैं और पिछले दशक में जनसंख्या वृद्धि दर में पर्याप्त कमी आई है। 2011 की जनगणना के पांथिक आधार पर किए गए विश्लेषण से विविध संप्रदायों की जनसंख्या के अनुपात में जो परिवर्तन सामने आया है, उसके दृष्टिगत जनसंख्या नीति पर पुनर्विचार की तीव्र आवश्यकता प्रतीत होती है। विविध धर्म, संप्रदायों की जनसंख्या वृद्धि दर में भारी अंतर, सतत-अनवरत विदेशी घुसपैठ व मतांतरण के कारण देश की समग्र जनसंख्या, विशेषकर सीमावर्ती क्षेत्रों की जनसंख्या के अनुपात में बढ़ रहा असंतुलन देश की एकता, अखंडता, सांस्कृतिक पहचान, आर्थिक आधार, शैक्षणिक स्तर के लिए गंभीर संकट का कारण बन गया है। यही नहीं, जनसंख्या का यह बलात् व योजनाबद्ध रीति से उत्पन्न किया गया असंतुलन अनेक स्थानों पर संवैधानिक चुनौतियाँ निर्मित कर रहा है व स्थानीय प्रशासन को नष्ट-भ्रष्ट करने की स्थिति में पहुँच गया है।

सर्वविदित है कि विश्व में भारत उन अग्रणी देशों में से था, जिसने वर्ष 1952 में ही जनसंख्या नियंत्रण के उपायों की घोषणा की थी, किंतु परिस्थितियों के कारण व व्यापक विमर्श के अभाव में भारत की जनसंख्या नीति सामयिक लक्ष्य तय नहीं कर पाई व सही दिशा में नहीं चल पाई। वर्ष 2000 में ही भारत में एक समग्र जनसंख्या नीति का निर्माण हुआ और तत्पश्चात् जनसंख्या आयोग का गठन हुआ । भारत की इस नवनिर्मित जनसंख्या नीति का उद्देश्य 2.1 की 'सकल प्रजनन-दर' की आदर्श स्थिति को 2045 तक प्राप्त करना व इसे स्थिर रखकर स्वस्थ जनसंख्या के लक्ष्य को प्राप्त करना था। इस नीति से यह

अपेक्षा रखी गई थी कि यह नीति अपने राष्ट्रीय संसाधनों और भविष्य की आवश्यकताओं को ध्यान में रखते हुए प्रजनन-दर का यह लक्ष्य समाज के सभी वर्गों पर समान रूप से लागू करा पाएगी; किंतु अतिशीघ्र ही सभी वर्गों से इस प्रजनन दर की आशा रखना एक दिवास्वप्न सिद्ध हुआ। इस विराट् किंतु महत्त्वपूर्ण लक्ष्य में देश के हिंदू समुदाय ने प्राणपण से सहयोग दिया, किंतु मुसलिम समुदाय ने जनसंख्या नीति के इस लक्ष्य की धज्जियाँ उड़ा दीं। 2005-06 के राष्ट्रीय प्रजनन एवं स्वास्थ्य सर्वेक्षण व वर्ष 2011 की जनगणना के 0-6 आयु वर्ग के पांथिक आधार पर प्राप्त आँकड़ों से 'असमान' सकल प्रजनन दर एवं बाल जनसंख्या अनुपात के खतरनाक संकेत मिलते हैं। यह खतरनाक संकेत इस तथ्य में से भी प्रकट होता है कि वर्ष 1951 से 2011 के बीच जनसंख्या वृद्धि दर में भारी अंतर के कारण देश की जनसंख्या में जहाँ भारत के मूल मत- पंथों के अनुयायियों का अनुपात 88 प्रतिशत से घटकर 83.8 प्रतिशत रह गया है, वहीं देश में मुसलिम जनसंख्या का अनुपात 9.8 प्रतिशत से बढ़कर 14.23 प्रतिशत हो गया है।

इन सभी प्रकार की नई उपजती स्थितियों व समस्याओं के चलते आज आवश्यक हो गया है कि—

1. देश में उपलब्ध संसाधनों, भविष्य की आवश्यकताओं एवं जनसांख्यिकीय असंतुलन की समस्या को ध्यान में रखते हुए देश की जनसंख्या नीति का पुनर्निर्धारण कर इस नीति को सभी धर्म, जाति, मत, पंथ संप्रदायों पर एक समान रूप से लागू किया जाए।

2. भारत की सीमाओं पर हो रही अवैध घुसपैठ को निर्णायक व पूर्ण रीति-नीति से प्रतिबंधित किया जाए। (एनआरसी) राष्ट्रीय नागरिक पंजिका का निर्माण कर भारत में आनेवाले घुसपैठियों को नागरिकता, मतदान, बसाहट के अधिकारों से तथा भूमि खरीद के अधिकार से वंचित किया जाए।

3. देश में जनसंख्या असंतुलन के संदर्भ में इस प्रकार का वातावरण निर्मित किया जाए कि सभी भारतीय राष्ट्रीय जनसंख्या नियंत्रण व असंतुलन के प्रति स्वमेव चिंतित रहें। समाज में इतनी जागृति हो कि वह ऊपर से लेकर निचले स्तर तक जनसंख्या असंतुलन के कारणों व कारकों को चिह्नित कर शासन को उससे अवगत कराए।

4. 2011 की जनसंख्या गणना के आँकड़ों ने यह घंटी बजा दी है कि देश में लागू जनसंख्या नीति की आद्योपांत (पूर्ण) समीक्षा हो।

5. भारत में कुछ संस्थाएँ, एनजीओ, धार्मिक ट्रस्ट आदि सुनियोजित ढंग से मतांतरण के कार्य में लिप्त हैं, इन्हें चिह्नित कर इनकी फंडिंग आदि की जाँच की जाए।

❑

# राष्ट्र-निर्माण न्यास व इसकी यात्रा—संक्षिप्त परिचय

भारत में उभर रहे जनसंख्या असंतुलन विषयक विषयों पर चिंता संपूर्ण हिंदू समाज को है। ऐसा नहीं है कि इस देश का हिंदू इन सभी अलगाववादी, विस्फोटक व विघटनकारी विषयों को जान-समझ नहीं रहा है; किंतु ऐसा अवश्य है कि इस देश के मूलनिवासी, बहुसंख्यक हिंदू समाज की इन जनसंख्या असंतुलन विषयक चिंताओं के प्रकटीकरण को व्यवस्थित रूप से कोई मंच और कोई स्वर नहीं मिल पा रहा है। देश की जनसंख्या नीति इस देश के नागरिकों से 'हम दो, हमारे दो' की नैतिक अपेक्षा रखती है। हिंदू समाज के बंधु इस देश को केवल देश नहीं बल्कि 'राष्ट्रदेव' के रूप में मानते हैं व भारत को 'भारत माता' के रूप में पूजित कर स्वयं को इस देश का नागरिक नहीं अपितु 'पुत्र' मानते हैं। 'राष्ट्रदेवो भव:' की मान्यता के कारण स्वभाव से ही भोला-भाला हिंदू सरकार, प्रशासन व नेताओं के भाषणों से प्रभावित होकर 'हम दो, हमारे दो' की नीति को अपने परिवारों में 95 प्रतिशत के स्तर तक लागू कर चुका है। आज प्रत्येक हिंदू परिवार 'हम दो, हमारे दो' की नीति पर चलकर इस देश को अपना योगदान दे रहा है, किंतु इस देश की एक बड़ी जनसंख्यावाला धर्म मुसलिम इस दिशा में बड़ी ही तेजी से साशय, जान-बूझकर, षड्यंत्रपूर्वक अपनी प्रजनन दर को तेजी से बढ़ाता ही जा रहा है। अशिक्षित, पिछड़े व अविकसित निर्धन मुसलिम समाज को उसके कुछ कट्टर मुसलिम धर्मगुरुओं द्वारा घुट्टी में ही यह मानसिकता पिलाई जा रही है कि अधिक-से-अधिक बच्चे पैदा करो, ताकि इस देश के संसाधनों पर अपना अधिकार कायम किया जा सके। कट्टर स्वभाववाले मुसलिम मौलवियों-मुल्लाओं ने सामान्य मुसलिम नागरिकों की बुद्धि, मानस व सोच को इतना कुंद, संकीर्ण व कट्टर रूप दे दिया है कि वह किसी भी प्रकार के जनसंख्या नियंत्रण के उपाय अपनाने की मानसिकता में ही नहीं है।

मुसलिम नागरिकों के प्रजनन दर को जानबूझकर अधिकाधिक दर पर पहुँचाने के साशय अभियान में लगे होने के कारण से आज देश व समाज जनसंख्या असंतुलन के घातक मुहाने पर पहुँच गया है। सुदर्शन चैनल परिवार इन्हीं चिंताओं को एक मंच,

एक स्वर व एक सशक्त प्रकटीकरण देना चाहता है। जनसंख्या असंतुलन की बात को सुदर्शन चैनल परिवार 'हम दो, हमारे दो, तो सबके भी दो' इस मूल वाक्य के साथ देश के कोने-कोने में फैलाना चाहता है व फिर यह बात शासन, सरकार तथा संविधान के द्वारा एक कानून के रूप में इस देश में लागू हो, इस बात को सुनिश्चित कराना चाहता है। जनसंख्या असंतुलन के संदर्भ में देश जागे, सरकार जागे, समाज जागे, लोग जागें व इस देश में 'हम दो, हमारे दो' का कानून बन कर सभी नागरिकों पर यह समान रूप से लागू हो जाए, यही लक्ष्य लिए सुदर्शन चैनल के स्वामी सुरेश चौहान चल रहे हैं। इस दिशा में ठोस कार्य करने हेतु ही 'राष्ट्र निर्माण न्यास' का गठन किया गया है। आज जबकि विघटनकारी, अलगाववादी वामपंथी शक्तियाँ अतीव शक्तिशाली होकर देश के विमर्श को कभी भी किसी भी प्रकार के अविषयों की ओर मोड़ देती हैं। आज स्पष्टत: यह दृष्टिगोचर हो रहा है कि राष्ट्र का समूचा मीडिया, पढ़ने-लिखनेवाले लोग, विमर्शकारी संस्थान, युवा वर्ग, प्रबुद्ध वर्ग, कभी असहिष्णुता, कभी पुरस्कार वापसी, कभी भारत माता की जय न कहेंगे जैसे विषयों, कभी सामाजिक समरसता के मूल भारतीय स्वभाव को चुनौती देनेवाले मुद्दों के भँवर में फँसा दिया जाता है।

इस समूचे परिदृश्य में नवभारत के निर्माण हेतु जनसंख्या नियंत्रण कानून जैसे विषय अछूते बनकर रह गए हैं। हमारे देश के तथाकथित छद्‍म धर्मनिरपेक्षता की राजनीति ने हमें वैचारिक पक्षाघात के दौर में पहुँचा दिया है। यदि आज इस देश में कोई जनसंख्या नियंत्रण कानून पर विमर्श प्रारंभ करेगा तो उस विमर्श को तुरंत ही कट्टरतापूर्वक धार्मिक व सांप्रदायिक विषयों में फँसाकर उसकी भ्रूण-हत्या कर दी जाएगी। आज आवश्यकता है कि नवभारत निर्माण के इन जनसंख्या नियंत्रण कानून व इस जैसे सभी अन्य विषयों पर राष्ट्रीय दृष्टि से विमर्श प्रारंभ हो। इन विमर्शों में छद्‍म धर्म निरपेक्षता आड़े न आए, क्षुद्र स्वार्थ आड़े न आएँ, विदेशी आक्रांताओं की सोच आड़े न आए व इस देश में ऋषि-परंपराओं की स्थापना हो, यह देश वैदिक सनातनी परंपराओं की दिशा में अग्रसर हो, यह परम लक्ष्य स्थापित हो, यही इस न्यास का परम हेतु है। राष्ट्र निर्माण न्यास अपने संगठन-प्रमुख श्री सुरेश चौहान के नेतृत्व में 'हम दो, हमारे दो, तो सबके भी दो' के परम लक्ष्य को लेकर जन-जागरण हेतु एक यात्रा कश्मीर से कन्याकुमारी व कन्याकुमारी से दिल्ली तक आयोजित कर रहा है। इस यात्रा का स्वरूप कुछ इस प्रकार है—

- 100 दिन
- 1000 स्थान
- 20,000 कि.मी.
- 100 बड़ी जनसभाएँ

- प्रत्येक कार्यक्रम के 100 कि.मी. परिधि में

प्रचार से 1 लाख से अधिक गाँव में जनसंपर्क

- 1 करोड़ घरों में जीवंत वाचिक, साहित्यिक व शपथपूर्वक संपर्क
- 50 हजार कॉलेज-विश्वविद्यालयों में संवाद
- 50 शक्तिपीठ में राष्ट्र सिद्धि कामना अनुष्ठान
- 12 ज्योतिर्लिंग में राष्ट्र सिद्धि कामना अनुष्ठान

इस यात्रा में सुरेश चौहान के साथ-साथ चलेंगे—

- सेना के पूर्व जनरल और अधिकारी
- पूज्य शंकराचार्य और साधु-संत
- सामाजिक कार्यकर्ता
- राष्ट्रीय अंतराष्ट्रीय खिलाड़ी
- कानूनविद्
- ख्यातिप्राप्त साहित्यकार
- फिल्मी सितारे
- स्थानीय समाज व संगठनों के अग्रणी बंधु

राष्ट्र, धर्म, सामाजिक सरोकारों व भारत माता को सर्वोपरि मानते हुए 'राष्ट्र प्रथम' के सिद्धांत पर चलता हुआ 'सुदर्शन चैनल' अपने पृथक् व विशिष्ट मार्ग पर अग्रसर है। सुदर्शन चैनल अपनी समस्त व्यावसायिक प्रतिबद्धताओं को देश, समाज, संस्कार, शिक्षा, संस्कृति, राष्ट्रवाद, अध्यात्म, भारतीय मूल्यों व आदर्शों की स्थापना आदि की दिशा में परिवर्तित कर चुका है। आज जबकि देश का शेष मीडिया अपने कॉर्पोरेट चरित्र, शुद्ध व्यावसायिक दृष्टिकोण व लाभ अर्जित करने की अंधी दौड़ में है, तब सुदर्शन चैनल के सुरेश चौहान के. अपने राष्ट्रवादी लक्ष्य के साथ 'राष्ट्र निर्माण न्यास' का गठन कर एक विशिष्ट दिशा में सेवाभाव के साथ आगे बढ़ चुके हैं। 'राष्ट्र निर्माण न्यास' का लक्ष्य है संस्कार पूर्ण, शिक्षा पूर्ण, वैभव पूर्ण, शक्ति-सामर्थ्य पूर्ण भारत के निर्माण में योगदान करना। भारतमाता अपने परम वैभव के स्थान को पुनः प्राप्त करे, परम वैभवशाली राष्ट्र का निर्माण हो, भारत अपने विश्वगुरु के स्थान पर पुनः विराजित हो, यही राष्ट्र निर्माण न्यास का एकमेव लक्ष्य है। राष्ट्र निर्माण न्यास के प्रमुख न्यासी सुरेश चौहान के. जी की स्पष्ट मान्यता है कि देश में ऐसे कई राष्ट्रवादी मिशन प्रत्येक क्षेत्र में सक्रियता से आगे आने चाहिए। व्यावसायिक व कॉर्पोरेट गतिविधियों में सामाजिक सरोकार के तत्त्व का सक्रिय समावेश होना चाहिए। 'हर हाथ को काम व हर काम को हाथ' का राष्ट्रीय मिशन शीघ्र पूर्ण हो, हम भारतीय परम स्वाभिमानी हों, हम अपने इतिहास का शुद्ध

व सत्यतापरक लेखन करें, हम अपने गौरवशाली इतिहास पर अभिमान करें, हमारी यह वर्तमान पीढ़ी सांस्कृतिक चेतना की संवाहक बने व परतंत्रता के भाव जो हमारी मानसिकता में स्थापित कर दिए गए हैं, हम उन दुर्भावों की बेड़ियाँ तोड़कर समूचे विश्व समुदाय के समक्ष एक नए रूप में प्रस्तुत हों, यही इस न्यास का एकमेव लक्ष्य है।

जनसंख्या असंतुलन की यह स्थिति इसी प्रकार आगे बढ़ती रही तो वर्ष 2030 में भारत की क्या स्थिति होगी व इस देश का मूल निवासी हिंदू समाज किस नारकीय दशा में होगा, यह कल्पना अत्यंत वेदनाकारी है। तनिक कल्पना कीजिए कि हमारी समस्त सांस्कृतिक विरासत, वैदिक बौद्धिक संपदा, ऋषि परंपरा, हमारा ब्रह्मांड से लेकर अंतरिक्ष व अंतरिक्ष से लेकर पाताल तक का भूगर्भीय ज्ञान, हमारा शून्य का आविष्कार सभी कुछ समाप्त हो जाना कितना पीड़ादायक होगा। जनसंख्या असंतुलन के जिस विषय को हमारी वर्तमान पीढ़ी सहजता-सरलता व लापरवाही से ले रही है, वह विषय तनिक भी और बिगड़ा तो हमारी आनेवाली पीढ़ियाँ हमें कभी क्षमा नहीं करेंगी। न हम रहेंगे, न हमारा इतिहास और इससे निस्संदेह हमारा भविष्य ही समाप्त हो जाएगा! जैसे रोम, मिस्र, यूनान जैसी परम वैभवशाली सभ्यताएँ अस्तित्व खो बैठी हैं, वैसे ही हम भी अपने अस्तित्व को समाप्त कर बैठेंगे। बहुत से विषय हैं, जो इस राष्ट्र के व हम हिंदुओं के ध्यान में प्रमुखता से आने चाहिए। वर्तमान में 'राष्ट्र सेवा न्यास' अपने जनसंख्या नियंत्रण कानून निर्माण की माँग के साथ इस देश की बौद्धिकता के समक्ष विनयावत प्रस्तुत है। अंत में ये पंक्तियाँ हमारे विश्वास को पुष्ट-संपुष्ट करने हेतु व लक्ष्य साधना को सिद्ध करने हेतु समर्पित हैं—

विजेत्री च नः संहता कार्यशक्तिर्, विधायास्य धर्मस्य संरक्षणम्।
परं वैभवं नेतुमेतत् स्वराष्ट्रं, समर्था भवत्वाशिषा ते भृशम्॥

भारतमाता की जय!

राष्ट्र निर्माण न्यास भारतमाता से यही विनती करता है—"हे भारतमाता, तेरी कृपा से हमारी यह विजयशालिनी संगठित कार्यशक्ति हमारे धर्म का संरक्षण कर इस राष्ट्र को वैभव के उच्चतम शिखर पर पहुँचाने में समर्थ हो। यही हमें आशीष दे, यही हमें वरदान दे।"

❑

# जनसंख्या असंतुलन अंकगणित की दृष्टि से

देश में बढ़ती जनसंख्या की समस्या एक बड़ी चिंता है, किंतु जिस प्रकार षड्यंत्रपूर्वक जनसंख्या असंतुलन को बढ़ाया जा रहा है, वह एक अतीव व गंभीर चिंतनीय विषय हो गया है। यहाँ यह भी उल्लेखनीय, स्मरणीय व चिंतनीय तथ्य है कि जनसंख्या असंतुलन का यह विषय केवल संघ परिवार जैसे कुछ राष्ट्रवादी संगठनों के लिए ही चिंता का विषय बना हुआ है। तुष्टीकरण की राजनीति ऐसी हावी हुई है कि देश के कांग्रेसी, कम्युनिस्ट, समाजवादी आदि जैसे संगठन इस समस्या को समस्या मानने से भी इनकार करते रहे हैं तथा इस ओर देखने, ध्यान देने व बात करने से भी भय खाते रहे हैं। वर्ष 2011 की जनगणना के पश्चात् जो महत्त्वपूर्ण तथ्य समूचे देश के समक्ष चुनौती बनकर उपस्थित हुए, वे यह थे कि एक तो भारत में जनसंख्या नियंत्रण के उपाय प्रभावकारी रीति-नीति से लागू किए जाएँ और दूसरा, देश में घटता हिंदू व बढ़ता मुसलिम जनसंख्या की दर या उसका प्रतिशत यथोचित सीमा में रहे। 2011 की जनसंख्या के आँकड़ों ने यह तथ्य देश के सामने रखा कि यदि जनसंख्या असंतुलन की यह दर जारी रही तो देश के अनेक राज्य सैकड़ों जिले (लोकसभा) व हजारों तहसीलें (विधानसभा) षड्यंत्रपूर्वक अशांति, सामाजिक वैमनस्यता, सांप्रदायिक बिगड़ाव व टकराव के शिकार हो जाएँगे। आश्चर्य की बात यह रही कि संघ परिवार के अतिरिक्त देश के लगभग सभी राजनैतिक, सामाजिक, संवैधानिक, शैक्षणिक संस्थान इस भभकते दावानल को देखने से भी परहेज करते रहे। यदि किसी योजनाकारी संवैधानिक संस्थान, शिक्षण संस्थान या निजी स्रोतों से जनसंख्या असंतुलन की बात तनिक सी भी उठी तो उसे त्याज्य, वर्जनीय व अछूत समझकर झिड़क दिया गया और चुप करा दिया गया। इस विषय को तथाकथित धर्म निरपेक्षतावादियों ने वर्जनीय विषय माना हुआ है।

वर्ष 2011 के जनगणना के आँकड़ों के अनुसार भारत में हिंदू जनसंख्या 96.63 करोड़ (79.8 प्रतिशत), मुसलिम आबादी 17.22 करोड़ (14.2 प्रतिशत), ईसाई 2.78 करोड़ (2.3 प्रतिशत), सिख 2.08 करोड़ (1.7 प्रतिशत), बौद्ध 0.84 करोड़ (0.7 प्रतिशत), जैन 0.45 करोड़ (0.4 प्रतिशत) तथा अन्य धर्म और मत (ओआरपी) 0.79 करोड़ (0.7 प्रतिशत) हैं।

जनसंख्या के इन आँकड़ों के अनुसार 2001 से 2011 के बीच मुसलिम आबादी में

बढ़ोतरी हुई और हिंदू जनसंख्या घटी है। सिख समुदाय की आबादी में 0.2 प्रतिशत बिंदु (पीपी) की कमी आई और बौद्ध जनसंख्या 0.1 पीपी कम हुई। उपरोक्त अवधि में ईसाइयों और जैन समुदाय की जनसंख्या में कोई महत्त्वपूर्ण परिवर्तन नहीं आया।

वर्ष 2001 की जनसंख्या गणना के आँकड़ों के अनुसार भारत की कुल जनसंख्या 102 करोड़ थी, जिसमें हिंदुओं की आबादी 82.75 करोड़ (80.45 प्रतिशत) और मुसलिम जनसंख्या 13.8 करोड़ (13.4 प्रतिशत) थी।

भारत में इस समय तक जनसंख्या गणना में किसी भी व्यक्ति की जाति संबंधित सूचना या जानकारी दर्ज नहीं की जाती थी। भारत में अंग्रेजों के शासन में 1931 के बाद पहली बार स्वतंत्र भारत में वर्ष 2011 में भारत में जाति आधारित जनगणना की गई थी। एक बार ऐसा अवश्य हुआ था कि केरल में कम्युनिस्ट सरकार के मुख्यमंत्री इ.एम. एस. नंबूदिरिपाद ने राज्य सरकार की योजनाओं का लाभ सिर्फ सामाजिक और आर्थिक पिछड़े लोगों को देने हेतु जाति आधारित गणना कराई थी। इस जनगणना को 1968 का सामाजिक-आर्थिक सर्वेक्षण कहा गया था और इसके परिणाम केरल के 1971 के राजपत्र में प्रकाशित किए गए थे।

ध्यान देने योग्य विषय है कि 2011 में भारत की मौजूदा आबादी 1 अरब 21 करोड़ थी। वर्ष 2001 से 2011 के मध्य भारत की जनसंख्या 17.6 प्रतिशत की दर से 18 करोड़ बढ़ी। उल्लेखनीय रूप ये वृद्धि वर्ष 1991-2001 की वृद्धि दर, 21.5 प्रतिशत से करीब 4 प्रतिशत कम है। भारत की जनसंख्या वृद्धि दर में आई 4 प्रतिशत की कमी का एक मात्र व 100 प्रतिशत प्रभावकारी तत्त्व हिंदू समाज के लोग रहे। यह भी उल्लेखनीय तथ्य है कि इस अवधि में भारत की साक्षरता दर भी 64.83 प्रतिशत से बढ़कर 74.40 प्रतिशत हो गई और यह वृद्धि भी लगभग पूर्णत: हिंदू समाज जनित ही रही।

वर्ष 2011 की धर्म आधारित जनसंख्या गणना में जो तथ्य सामने आए, उसके अनुसार हिंदुओं की संख्या सर्वाधिक 96.63 करोड़ है, किंतु दुर्भाग्यपूर्ण तथ्य यह रहा कि विदेशी शक्तियों का षड्यंत्र सफल रहा व भारत में हिंदू संख्या कुल जनसंख्या में 80 प्रतिशत से कम हो गई। 2001 की तुलना में इसकी वृद्धि दर 0.7 प्रतिशत कम हो गई! वहीं जनसंख्या असंतुलन बढ़ाने के षड्यंत्र का एक खतरनाक परिणाम यह भी हुआ कि देश में मुसलिम संख्या 0.8 फीसदी बढ़कर 17.22 करोड़ हो गई! आलोच्य अवधि में जैन, ईसाई, सिख, बौद्ध, जैन व पारसी समुदाय की संख्या में कोई प्रभावशाली परिवर्तन नहीं हुआ।

जनसंख्या के आँकड़ों में आया यह चरित्रगत परिवर्तन जनसंख्या असंतुलन को जन्म दे रहा है, जिससे देश में कई प्रकार की आर्थिक, सामाजिक, शैक्षिक, नैतिक एवं धार्मिक समस्याएँ जन्म ले रही हैं।

❑

# भारतीय जनसंख्या के संदर्भ में प्यू रिसर्च सेंटर की रिपोर्ट

वर्ष 2011 के जनसंख्या आँकड़ों के धर्म-आधारित विश्लेषण आने के बाद स्वाभाविक ही था कि देश में इस पर प्रतिक्रिया होगी व विभिन्न क्षेत्रों में चिंताएँ भी व्याप्त होंगी। खेद है कि हम इस संदर्भ में तनिक विलंब से जाग्रत् हुए हैं। अमेरिकी राजधानी वाशिंगटन में मुख्यालय वाले 'प्यू रिसर्च सेंटर' ने भारत के संदर्भ में यह पहले ही कह दिया था कि भारत में हिंदू व मुसलिम जनसंख्या में तेजी से बढ़ता असंतुलन भारत के कई राज्यों व सैंकड़ो जिलों में अलगाव, अशांति, टकराव व सामाजिक दुर्भाव की स्थितियाँ उत्पन्न करेगा। 'प्यू रिसर्च सेंटर' की यह रिपोर्ट जनसंख्या आँकड़ों के सामने आने के बाद पूर्णत: सत्य साबित हुई। सबसे बड़ी खतरनाक बात इस रिपोर्ट में हमें आगाह करते हुए यह कही गई है कि वर्ष 2050 तक भारत विश्व का सबसे अधिक मुसलिम जनसंख्या वाला देश बन जाएगा। यह तथ्य भी विश्व को अशांति की आग में झोंक देनेवाला सिद्ध होगा कि संपूर्ण विश्व में मुसलमानों और ईसाइयों की जनसंख्या लगभग बराबर हो जाएगी। प्यू ने इस अपनी रिपोर्ट में वर्ष 2070 तक इसलाम के विश्व में सबसे बड़े धर्म बन जाने की भविष्यवाणी भी की है। विश्व भर में मुसलिमों द्वारा अपनाई जा रही अधिकतम प्रजनन दर के कारण यह स्थिति उत्पन्न होनेवाली है। एक तथ्य यह भी है कि मुसलिमों की जनसंख्या में यह वृद्धि कोई संयोग नहीं है या कोई सामाजिक प्रवृत्ति नहीं है बल्कि यह एक षड्यंत्र पूर्ण योजना का एक अंश है। मुसलिमों में जनसंख्या को बढ़ाना व लक्षित क्षेत्र या देश में पहले निर्णायक होना व फिर वहाँ का शासक होना एक अभियान बन गया है। इस अभियान में संपूर्ण विश्व के मुसलिम एक मत से मतांध होकर सम्मिलित हो गए हैं।

भारत में 1991 की जनगणना के अनुसार हिंदुओं की जनसंख्या वृद्धि दर 22.8 प्रतिशत थी, जबकि मुसलिमों की वृद्धि दर इससे ड्योढ़ी 32.5 थी। वहीं 2001 की जनगणना के अनुसार हिंदुओं की वृद्धि दर 21.5 प्रतिशत थी, मुसलिमों की वृद्धि दर 29 प्रतिशत। 2011 में जहाँ हिंदुओं की वृद्धि दर और कम होकर 16.76 प्रतिशत पर आ

गई, वहीं मुसलिमों की जनसंख्या में 24.6 प्रतिशत की दर से वृद्धि हुई। मुसलिम समाज में जनसंख्या विस्फोट का यह क्रम मुसलिमों की धार्मिक मान्यताओं, भौगोलिक रूप से कब्जा करने की प्रवृत्ति, अशिक्षा व मदरसों से मिल रही धार्मिक कट्टरता के कारण गति पकड़ता जा रहा है।

प्यू के अनुसार आगामी चार वर्षों में विश्व की जनसंख्या 9.3 अरब होगी व मुसलमानों की जनसंख्या 73 प्रतिशत की वृद्धि दर से बढ़ेगी तथा ईसाई व हिंदुओं की वृद्धि दर क्रमशः मात्र 35 व 34 प्रतिशत ही रहेगी। जनसंख्या की औसत आयु की दृष्टि से भी आँकड़े मुसलिमों के पक्ष में दिखते हैं। 2010 में विश्व की 27 प्रतिशत जनसंख्या औसत 15 साल से कम आयु की थी, वहीं तुलनात्मक रूप से 34 प्रतिशत मुसलिम जनसंख्या 15 वर्ष से कम आयु के किशोरों की थी, जबकि हिंदुओं में यही औसत 30 था। आयु का यह अंतर आनेवाले समय में मुसलिमों को तीव्र जनसंख्या वृद्धि में सहयोग करेगा। प्यू ने अपने इन्हीं विश्लेषणों व तार्किक आधार पर जनसांख्यकीय संकेतक विकसित किए हैं, जो यह स्पष्ट संकेत करते हैं कि वर्ष 2070 में इसलाम विश्व का सबसे बड़ा धर्म होगा। यही वह लक्ष्य है, जिसे लेकर मुसलिम विश्व व भारत का मुसलिम एक मिशन के साथ आगे बढ़ रहा है। यही वह चिंता व कारण है, जिससे भारत के हिंदू समाज को, शासन को, सरकार को, विशेषतः वर्तमान पीढ़ी को जाग्रत्, चिंतित व विचार मुद्रा में आ जाना चाहिए। यदि भारत में मुसलिम जनसंख्या प्रतिशत बढ़ा तो इसका सीधा सा अर्थ होगा—हिंदुत्व की समाप्ति, भारतीय संस्कृति की समाप्ति, भारतीय अस्मिता व सनातनी मूल्यों की समाप्ति।

❑

# मुसलिम जनसंख्या वृद्धि—सुस्पष्ट षड्यंत्र

मुसलिम समाज में हम पिछले दशकों से जिस अतिरिक्त जनसंख्या-वृद्धि देख रहे हैं, वह संयोग या आकस्मिक घटना नहीं है। इसकी पृष्ठभूमि में षड्यंत्रपूर्वक योजना, डाह, ईर्ष्या, कब्जे की भावना जैसी कई मनोवृत्तियाँ कार्य कर रही हैं। यह एक सोची समझी व्यवस्थित रणनीति है, जिस पर मुसलिम समाज चल रहा है। यह सामान्य मुसलिम व्यक्ति की सामाजिक शिक्षा दीक्षा, सामाजिक लालन-पालन इस प्रकार का होता है व इनके धर्मगुरु इन्हें जन्म से घुट्टी ही इस प्रकार की पिलाते हैं कि इनकी स्वयं की बुद्धि व विवेक पर परदा पड़ जाता है। सामान्य मुसलिम व्यक्ति को स्वयं भी पता नहीं चलता कि कब वह इन कठमुल्लों का खिलौना बनकर स्वयं के तथा परिवार के बौद्धिक, आर्थिक, सामाजिक व शैक्षिक विकास के मार्ग से भटक गया है। इनका सामाजिक ताना-बाना व मदरसों से मिली अंधशिक्षा इन्हें बहुविवाह व अंधाधुंध बच्चे जन्म देने की घातक बीमारी को धार्मिक आचरण बताती है। इस प्रकार के आचरण से मरने के बाद जन्नत मिलेगी व जन्नत में हूरें मिलेंगी, ऐसा इन्हें भ्रमित कर दिया जाता है, फलस्वरूप मुसलिम समाज का सामान्य अशिक्षित, अल्प शिक्षित तो क्या शिक्षित व्यक्ति भी इस संदर्भ में अपने दिमाग के दरवाजे बंद कर लेता है और किसी भी प्रकार के तर्क-वितर्क को सुनना और बौद्धिक बातों में पड़ने जैसे क्रम को भी धर्म के विरुद्ध कार्य समझने लगता है। इनके मदरसों की शिक्षा का ढाँचा भी बड़ा ही कुंद, बंद बुद्धि, घृणा व नफरत की नींव पर खड़ा होता है। आज के इस प्रगतिशील वैज्ञानिक युग में भी मदरसों की शिक्षा का विज्ञान, कंप्यूटर, वाणिज्य, प्रबंधन, कला, संगीत से कोई नाता नहीं होता। आज भी मदरसों की शिक्षा का एक बड़ा भाग मुसलिमों द्वारा किए गए अपने वैश्विक फैलाव के रक्तरंजित इतिहास को पढ़ाने में ही खर्च होता है। मदरसों में जनसंख्या बढ़ाकर क्षेत्र विशेष में निर्णायक स्थिति में आ खड़े होने की रणनीति इन बच्चों के मनो-मस्तिष्क में बचपन से ठसाठस भर दी जाती है। इस इसलाम के घृणा, नफरत व हिकारत के आधार पर फैलाव के अलावा ये जो दूसरा विषय मदरसों में पढ़ते हैं, वह कुरआन की शिक्षा का होता है।

भारत में मुसलिम जनसंख्या बढ़ने का व असंतुलन उत्पन्न होने का दूसरा सबसे बड़ा कारण पड़ोसी देशों से होनेवाली अवैध घुसपैठ है। पहले पाकिस्तान, फिर बांग्लादेशी, फिर अफगानी व अब रोहिंग्या मुसलिमों का षड्यंत्रपूर्वक भारत में घुसते चले आना भारत में जनसांख्यिकीय असंतुलन का एक महत्त्वपूर्ण कारण बन गया है। अवैध घुसपैठिए इतने तेज, शातिर व भयहीन होते हैं कि सीधे देश की राजधानी दिल्ली में बसने में भी इन्हें भय नहीं लगता, फलस्वरूप आज राजधानी दिल्ली में ऐन केंद्र सरकार की नाक के नीचे बहुत बड़ी संख्या में अवैध बांग्लादेशी दिल्ली को अपने नित नए अपराधों व षड्यंत्रों का शिकार बनाए हुए हैं। केरल, कश्मीर व पूर्वोत्तर के राज्यों में निर्धन हिंदुओं को लालच देकर बड़ी संख्या में धर्मांतरण कराने के अनेक ज्वलंत घटनाक्रम प्रतिदिन समाज के समक्ष आ रहे हैं। मुसलिम समाज में अशिक्षा, जागरूकता का अभाव और धार्मिक कट्टरता प्रजनन दर बढ़ाने के प्रमुख कारण तो हैं ही, साथ-साथ देश में बहुसंख्यक होकर कब्जा कर लेने का आपराधिक भाव इनके मन-मस्तिष्क पर बेतरह हावी हो गया है। मुसलिम मुल्ला-मौलवियों के धार्मिक उपदेशों व तकरीरों में भारत व इसके संसाधनों को कब्जा लेने के स्वप्न को मुसलिम समाज की प्रत्येक पीढ़ी के दिमाग में इतनी कुटिलता से भरा जाता है कि व्यक्ति का दिमाग केवल एक पक्षीय होकर अंधा हो जाता है। मुसलिम समाज की इस बेतरह बढ़ती प्रवृत्ति ने कई नए मिथक रच दिए हैं व कई नए मिथक स्थापित हो रहे हैं। जैसे 2001 और 2011 के जनसंख्या आँकड़ों ने यह मिथक तोड़ दिया है कि मात्र सीमावर्ती जिलों में अवैध घुसपैठ के कारण मुसलिमों की आबादी बढ़ रही है। 2001 की ही जनसंख्या के तथ्यों से यह स्पष्ट हो गया था, मध्य-भारत में भी हिंदुओं की तुलना में मुसलमान जनसंख्या विकास दर अधिक हो गई है। उत्तर प्रदेश की कुल जनसंख्या में तो मुसलिमों का प्रतिशत 18.49 हो गया है। उ.प्र. के 20 जिले ऐसे हैं, जिनमें मुसलिमों की संख्या 20 से 40 प्रतिशत तक है। बिहार भी इस अभियान का एक बड़ा केंद्र बन गया है। बिहार के 10 जिले ऐसे हैं, जहाँ मुसलिम जनसंख्या इन सभी षड्यंत्रों के फलस्वरूप 30 प्रतिशत से ऊपर पहुँच गई है। बिहार में 50 विधानसभा सीटों पर मुसलिम निर्णायक स्थिति में आ गए हैं।

मुसलिम जनसंख्या वृद्धि के षड्यंत्र के पीछे एक बड़ा कारण यह भी है कि सामान्य मुसलिम व्यक्ति के मन में यह बात बैठा दी जाती है कि यदि मुसलिमों की संख्या अधिक होगी तो वह संबंधित क्षेत्र में राजनैतिक दृष्टि से निर्णायक होंगे व निर्णायक संख्या के वोटों के कारण उन्हें अधिक महत्त्व व सुविधाएँ पाने हेतु सौदेबाजी करने की स्थिति प्राप्त हो जाएगी। जनसंख्या असंतुलन को पूरी तरह राजनैतिक दृष्टि से ही विकसित किया जा रहा है। मुसलिम समाज के धर्मगुरु चुनावों के ठीक पहले सक्रिय

हो जाते हैं व मुसलिम समाज के मतदान को लक्ष्यपूर्वक एक दिशा में मोड़ देते हैं। हिंदू समाज को यह बात स्पष्टतः समझ लेनी चाहिए कि एक मुश्त मतदान की शक्ति को मुसलिम समाज द्वारा पहचान लेना व इस शक्ति का अधिकतम उपयोग करने में सक्षम हो जाना इस समाज की एक बड़ी योग्यता व ताकत बन गया है। वहीं हिंदू समाज एक दिशा में मतदान करने की प्रवृत्ति या कला को अब तक समझ नहीं पाया है व विकेंद्रित मतदान करके अपने सामाजिक, आर्थिक, राजनैतिक व अन्य हितों की बलि चढ़ाता जा रहा है। इससे भी बढ़कर दुखद तब होता है, जब हिंदू जाति आधारित मतदान करके हिंदुत्व की शक्ति को जीर्ण-शीर्ण कर देता है।

जातिवाद हिंदुत्व का सबसे बड़ा दुश्मन है, इस बात को जिस दिन एक सामान्य हिंदू पहचान लेगा, उस दिन विदेशी धर्मों के आधे षड्यंत्र स्वयं ही विफल होते चले जाएँगे। हिंदुओं का परस्पर बँटा हुआ होना मुसलिम समाज को दोहरी शक्ति प्रदान कर देता है। भारत में अब यह भी एक स्थापित तथ्य हो गया है कि मुसलिम समाज अपने अधिकतम जनसमूह द्वारा मतदान कराने में सफल हो जाता है, जबकि इसी स्थान पर हिंदू समाज मतदान के प्रति उदासीन रहता है व बड़ी संख्या में मतदान करने जाता ही नहीं है। इस प्रकार बड़ी संख्या में मतदान करना व लक्ष्यहीन या विकेंद्रित मतदान करने की हिंदू समाज की प्रवृत्ति को भी परिवर्तित करना समय की एक बड़ी आवश्यकता बन गया है। यहाँ यह भी स्पष्ट समझ लेना चाहिए कि लक्ष्य केंद्रित सौ प्रतिशत हिंदू मतदान धार्मिक नहीं अपितु राष्ट्रवाद की दृष्टि से होना चाहिए। हिंदू समाज धार्मिक संकीर्णता या जाति की दृष्टि से नहीं अपितु राष्ट्रीयता, राष्ट्र व राष्ट्रविकास की दृष्टि से अधिकतम मतदान करे, तभी वह सफल होगा।

भारत के कई प्रदेशों, जिलों व विधानसभाओं में मुसलिम जनसंख्या का कुटिल विस्फोट सहजता व सरलता से देखा जा सकता है। जिस प्रकार के षड्यंत्रपूर्वक जनसंख्या विस्फोट की इस लेख में चर्चा की गई है, वह विषय अब भारत में नंगी आँखों से देखा-समझा जा सकता है और अब भी अनवरत जारी है। यदि इस षड्यंत्र को रोका नहीं गया तो भारत की स्वयं की अस्मिता व पहचान इतिहास के पन्नों में भी दिखाई न पड़ेगी व हिंदुत्व एक लुप्त-सुप्त शब्द हो जाएगा।

❑

# कश्मीर में अल्पसंख्यक कौन ?

जम्मू-कश्मीर में जिस प्रकार जनसंख्या असंतुलन को बढ़ाया गया है, वह समूचे देश के लिए एक चुनौती व शिक्षा लेने का ज्वलंत विषय है। कश्मीर के 8 जिले षड्यंत्रपूर्वक हिंदू विहीन कर दिए गए हैं। 2001 में ही यहाँ मुसलिम आबादी का प्रतिशत 1991 के 64.19 की तुलना में बढ़कर 70 प्रतिशत हो गया था, यही वह निर्णायक समय रहा, जब कश्मीर आतंकवाद का एक बड़ा केंद्र बना और अब देश के लिए नासूर सिद्ध हो रहा है। एक मात्र जनसंख्या असंतुलन के माध्यम से क्या कुछ विध्वंस किया जा सकता है, इसे यदि हमें समझना हो तो पाकिस्तान का मोहरा बन गए कश्मीर के माध्यम से समझना चाहिए।

देश के सर्वोच्च न्यायालय में जम्मू कश्मीर के वकील अंकुर शर्मा ने 'जम्मू-कश्मीर में अल्पसंख्यक कौन'? इस विषय को चुनौती देने हेतु एक जनहित याचिका प्रस्तुत की है। अंकुर शर्मा ने न्यायालय में तर्क प्रस्तुत किया है कि आज की स्थिति में जम्मू-कश्मीर में मुसलमान बहुसंख्यक हैं। अत: इस राज्य में अल्पसंख्यकों के लिए बनी हुई शासकीय योजनाओं का लाभ बहुसंख्यक मुसलमानों को नहीं मिलना चाहिए। याचिका में कहा गया है कि स्वाभाविक ही है कि अब कश्मीर में मुसलिमों को मिले अल्पसंख्यक समुदाय के दरजे पर पुनर्विचार हो व जनसंख्या के नए आँकड़ों के अनुरूप बहुसंख्यक व अल्पसंख्यक निर्धारित किए जाएँ। 2011 की जनसंख्या के आँकड़ों के अनुसार जम्मू-कश्मीर में मुसलिम अब 68 प्रतिशत से अधिक हैं, अत: किसी भी स्थिति में इन्हें अल्पसंख्यक समुदाय को मिलनेवाली योजनाओं, सुविधाओं व प्राथमिकताओं का लाभ नहीं मिलना चाहिए। कश्मीर में मुसलिमों द्वारा शासन की अल्पसंख्यकों के नाम पर जारी योजनाओं को हड़पने का क्रम तत्काल प्रभाव से रुकना चाहिए व कश्मीर के वास्तविक अल्पसंख्यक समुदाय हिंदू को उसका अधिकार मिलना चाहिए।

आज कश्मीर में जिस प्रकार की स्थितियाँ हैं, उसमें स्पष्टत: दिखाई देता है कि अल्पसंख्या का अर्थ तुलनात्मक है। अल्पसंख्यक शब्द की कानूनी स्थिति देखें तो किसी भी राज्य में अल्पसंख्या में निवासरत जाति के लोग ही अल्पसंख्यक हो सकते हैं। यहाँ कई

बार इस संख्या को देखने के आधार या चश्मे अलग-अलग या नए-नए लगा लिए जाते हैं।

'अल्प' से बड़ा भ्रम पैदा होता है। विश्व के सभी लोकतंत्रों में 51 प्रतिशत को बहुमत कहते हैं और 49 प्रतिशत को अल्पमत कहा जाता है। किंतु संसदीय बहुमत अपना चरित्र सदैव परिवर्तित करता रहता है। अल्पमतवाले समूह जनसमर्थन पाकर बहुमतवाले बन जाते हैं। इस दृष्टि से भारतीय जनतंत्र को देखें तो यहाँ की राजनीति में अल्पसंख्यक का सीधा मतलब मुसलमान माना जाता है। 26 मई, 1949 को भारत की संविधान सभा में अल्पसंख्यक आरक्षण पर दिलचस्प बहस हुई थी। अनुसूचित जातियों को आरक्षण देने के प्रश्न पर आम राय थी। लेकिन अल्पसंख्यक आरक्षण पर विचार-विमर्श जारी था। तत्कालीन प्रधानमंत्री पंडित नेहरू ने साफ किया कि पंथ, आस्था, जाति, मजहब, धर्म, आधारित आरक्षण गलत है। इस समय तक देश में अल्पसंख्यक का मतलब मुसलमान हो चुका था। बिहार के वरिष्ठ नेता और संविधान सभा के सदस्य तजम्मुल हुसैन ने जोर देकर कहा हम अल्पसंख्यक नहीं हैं। इस देश में अल्पसंख्यक शब्द अंग्रेजों की सोची-समझी षड्यंत्री देन है। अब अंग्रेज यहाँ से चले गए हैं, अतः अब इस शब्द को भी भारतीय राजनीति के शब्दकोश से समाप्त कर दीजिए। अब हिंदुस्तान में कोई अल्पसंख्यक वर्ग नहीं रह गया है। हुसैन के भाषण के इस अंश पर सभा में 'खूब-खूब' की आवाजें उठीं। संविधान सभा की काररवाई में यह बात भी कोष्ठक में दर्ज है। आज भी यह रहस्य है कि संविधान सभा की इस बैठक के बाद पता नहीं नेहरू और अल्पसंख्यक शब्द की मीमांसा करनेवाले लोगों के साथ किसकी क्या चर्चा हुई कि इस शब्द पर विमर्श रहस्यमयी ढंग से समाप्त हो गया। इस विषय पर चर्चा बंद हो गई। यथास्थिति को ढंग-बेढंग से स्वीकार कर यह विषय आगे बढ़ा दिया गया।

परिभाषाओं के संदर्भ में भारतीय संविधान का एक पूर्ण अनुच्छेद 366 परिभाषाओं का दिया हुआ है। इस अनुच्छेद के 30 उपखंड हैं। यहाँ कई सामान्य से लगनेवाले शब्दों को भी विस्तार से स्पष्टतः परिभाषित किया गया है। इसे पढ़ने पर बड़ा आश्चर्य होता है कि छोटे-छोटे, सरल, सहज, प्रचलित व सिद्ध अर्थोंवाले अविवादित शब्दों की परिभाषा भी इस अनुच्छेद में दी गई है, किंतु अल्पसंख्यक शब्द जैसे महत्त्वपूर्ण, चर्चित व विवादित शब्द की परिभाषा इसमें नहीं दी गई है। अनुच्छेद 29 का शीर्षक है—अल्पसंख्यक वगैरह के हितों का संरक्षण। यहाँ कहा गया है कि भारत के किसी भाग के निवासी नागरिकों के किसी अनुभाग को, जिसकी अपनी विशेष भाषा, लिपि या संस्कृति है, उसे बनाए रखने का अधिकार होगा। इससे भी अल्पसंख्यक की परिभाषा स्पष्ट नहीं होती है। तब संविधान निर्माताओं को अल्पसंख्यक आयोग गठन की आवश्यकता का आभास नहीं हुआ था। किंतु बाद में दैनंदिन राजकार्य व राजनीति को अल्पसंख्यक आयोग की आवश्यकता आभास

शुई थी, अत: सरकार ने 1992 में राष्ट्रीय अल्पसंख्यक आयोग का कानून पारित करवाया।

इस कानून में भी अल्पसंख्यक की परिभाषा है, बड़ी ही दिलचस्प या यों कहें कि विचित्र है—'अल्पसंख्यक वह समुदाय है, जो केंद्रीय सरकार अधिसूचित करे'। अर्थात् अल्पसंख्यक घोषित करने का अधिकार सरकार ने खुद अपने हाथ में ले लिया। किसी जाति समूह को अनुसूचित जाति या जनजाति घोषित करने की विधि (अनु. 341 व 342) बड़ी जटिल है। यह काम संसद् ही कर सकती है, लेकिन अल्पसंख्यक घोषित करने का काम सरकारी दफ्तर से ही होने का प्रावधान है। संविधान, कानून और राजनीति के विद्यार्थी के लिए अल्पसंख्यक की परिभाषा अंधे का हाथी या दूर की कौड़ी है। यहाँ आकर अल्पसंख्यक शब्द के विषय में कांग्रेस के राजनैतिक स्वार्थ सिद्धि के मंतव्य स्पष्ट हो जाते हैं। क्षुद्र-स्वार्थी राजनीति के चलते कांग्रेस ने यहाँ आकर अल्पसंख्यक शब्द का ऐसा प्रयोग किया कि जिसके जो समझ में आया, वह करने लगा। सेकुलरिज्म के नाम पर तुष्टीकरण का खेल यहीं से प्रारंभ हुआ। धर्म, पंथ या मजहब आधारित किसी आस्था समूह को राजकोष से अलग या विशेष सुविधाएँ देना 'सेकुलर' सिद्धांत का उल्लंघन है। इंदिरा गांधी ने आपातकाल में संविधान की उद्देशिका में सेकुलर शब्द जोड़नेवाला संशोधन करवाया था।

'सेकुलर' विचार राष्ट्र-राज्यों को पंथिक आस्था के आधार पर भेदभाव की इजाजत नहीं देता। लेकिन स्वार्थी व चुनावी गणितवाली राजनीति ने अल्पसंख्यक शब्द के अर्थ मुसलिम जनसमुदाय में परिवर्तित किया और सेकुलर का अर्थ मजहबवादी कर दिया है। कांग्रेस के 50 वर्षीय शासनकाल में अल्पसंख्यक की तथा सेकुलर की वैधानिक परिभाषा को अपने चुनावी गणित के हिसाब से तोड़ा-मरोड़ा व बनाया गया। सिर्फ चुनावी जीत में ही सारी परिभाषाएँ अंतर्निहित हो गईं। स्पष्ट है कि राजनीति तो सधती चली गई, किंतु राष्ट्र और राष्ट्रीय भावना जीर्ण-शीर्ण होती चली गई।

आज प्राथमिक आवश्यकता है कि कश्मीर में अल्पसंख्यक हिंदू, दलितों व पिछड़े वर्ग समाज के साथ निरंतर हो रहे अन्याय को रोका जाए। इस संदर्भ में यह भी महत्त्वपूर्ण है कि देश भर में अतीव जाग्रत् रहनेवाला मानवाधिकार आयोग व अल्पसंख्यक आयोग इस विषय में शुतुर्मुर्गी प्रवृत्ति को अपनाकर समस्या से भाग रहा है। सटीक व सामयिक होगा, यदि आज कश्मीर में अल्पसंख्यक आयोग का गठन हो व देश की शीर्ष संस्थाएँ भी कश्मीर के इस विषय पर न्यायालय की टिप्पणियों के अनुसार कश्मीर के समाज में व्याप्त विसंगतियों के अनुसार निर्णय लें व न्याय करें।

उच्चतम न्यायालय ने अल्पसंख्यक-बहुसंख्यक विषयक दायर की अरुण शर्मा की जनहित याचिका की सुनवाई करते हुए व इसे महत्त्वपूर्ण मामला मानते हुए कहा है कि केंद्र

और राज्य सरकार को आपस में चर्चा कर इस विषय का हल खोजना चाहिए कि राज्य में मुसलिम समाज को अल्पसंख्यक का दर्जा मिलते रहने देना चाहिए या नहीं? केवल जम्मू-कश्मीर राज्य के लिए ही नहीं, अपितु समूचे देश के संदर्भ में भी इस विषय पर व्यापक बहस की जानी चाहिए। देश में दिन-प्रति-दिन बदल रही जनसंख्या असंतुलन की परिस्थितियों में साशय, षड्यंत्रपूर्वक यहाँ वहाँ का जनसांख्यिकीय अनुपात बिगाड़ देने की योजनाओं के चलते अब यह एक चिंतनीय विषय हो गया है। यह भी बड़ी चिंता का विषय है कि इस प्रकार के गंभीर विषयों को हमारा शासन प्रशासन गंभीर तो मानता है, किंतु इसकी संवेदनशीलता के चलते व तुष्टीकरण व सेकुलरी सोच के चलते इन पर चर्चा, चिंतन व निर्णय करने से बचता रहता है। स्वाभाविक ही है कि जनसंख्या विषयक समूचे विषयों पर सरकार की निर्णय प्रक्रिया त्वरित, स्पष्ट व निर्णयात्मक हो तथा इन निर्णयों पर तुष्टीकरण का प्रभाव कतई न हो। जम्मू कश्मीर में अल्पसंखक हिंदुओं को प्रधानमंत्री योजनाओं और सरकारी योजनाओं के अनुसार सुविधाएँ व अधिकार मिलने चाहिए। केंद्र सरकार ने सुप्रीम कोर्ट में कहा कि इस मुद्दे को लेकर केंद्र सरकार के अल्पसंख्यक विभाग के सचिव और जम्मू कश्मीर के चीफ सेकेटरी की अगुवाई में संयुक्त समिति का गठन किया गया है।

यह कमेटी अल्पसंख्यकों के मुद्दे पर विचार करके रिपोर्ट तैयार करेगी, इसलिए कुछ वक्त और दिया जाए। सुप्रीम कोर्ट ने केंद्र को कहा है कि 31 जुलाई, 2017 तक कमेटी की रिपोर्ट कोर्ट में प्रस्तुत की जाए। सुप्रीम कोर्ट ने यह भी कहा था कि केंद्र सरकार और जम्मू कश्मीर सरकार, दोनों यह तय करें कि क्या जम्मू कश्मीर में मुसलिम अल्पसंख्यक हैं? और इसके तहत उन्हें राज्य की कल्याणकारी योजनाओं का लाभ मिलना चाहिए या नहीं? जम्मू कश्मीर के नागरिक अंकुर शर्मा की याचिका में कहा गया है कि राज्य में हिंदू अल्पसंख्यक हैं और मुसलिम बहुसंख्यक हैं, इसके बावजूद राज्य में 68 फीसदी मुसलिम लोगों को ही अल्पसंख्यक को मिलनेवाले लाभ मिल रहे हैं, जबकि सही मायनों में हिंदुओं को ये सुविधाएँ मिलनी चाहिए। याचिका में यह भी कहा गया है कि पिछले 50 साल से राज्य में अल्पसंख्यकों को लेकर कोई गणना नहीं हुई है और न ही अल्पसंख्यक आयोग का गठन किया है। इसलिए यहाँ अल्पसंख्यक आयोग भी बनाया जाए।

कश्मीर के विषय में यह जनहित याचिका निश्चित ही महत्त्वपूर्ण है। आज यह भी घोर सामयिक व प्रासंगिक है कि कश्मीर में व्याप्त हो गए इस जनसंख्या असंतुलन को व कश्मीर को एक पृथक् राष्ट्र बना देने के षड्यंत्र को पूरा देश समझे व इसका अध्ययन देश के राजनैतिक, शैक्षिक व सामाजिक पठन-पाठन व पाठ्यक्रमों में आए।

❑

# कश्मीर से पंडित समुदाय का पलायन—जनसंख्या असंतुलन का कुत्सित प्रयास

देश में जनसंख्या असंतुलन की परिस्थिति को किस प्रकार जिहादियों द्वारा जन्म दिया जाता है, कौन इस परिस्थिति का जनक होता है व शासन करनेवाली सरकार या उस राजनैतिक दल की इसमें क्या भूमिका होती है, इस विषय को कश्मीर से पंडितों के पलायन की घटना से समझा जा सकता है। वह 19 जनवरी, 1990 का दुखद दिन था, जब इस दुर्दांत घटना को षड्यंत्रपूर्वक कश्मीर के माथे पर लिख दिया गया था।

कश्मीर के सर्वाधिक नए जन सांख्यिकीय आँकड़ों पर नजर डालें तो स्वतंत्रता के समय वहाँ घाटी में 15 प्रतिशत कश्मीरी पंडितों की आबादी थी, जो आज 1 प्रतिशत से नीचे होकर 0 प्रतिशत की ओर बढ़ गई है। हाल ही के इतिहास में कश्मीर के जनसंख्या आँकड़ों में यदि परिवर्तन का सबसे बड़ा कारक खोजें तो उस एक दिन को 19 जनवरी, 1990 के नाम से ही जाना जाता है। कश्मीरी पंडितों को उनकी मातृभूमि से खदेड़ देने की पैशाचिक इस घटना की यह भीषण और वीभत्स कथा 1989 में आकार लेने लगी थी। कश्मीर के मुसलमानों ने पाकिस्तानी उग्रवादियों के समर्थन से घाटी से कश्मीरी पंडितों को खदेड़ देने की मानसिकता बना ली थी। तब तक पाकिस्तान प्रेरित और प्रायोजित आतंकवादी तथा अलगाववादी यहाँ अपनी जड़ें जमा चुके थे। पंडितों से पूर्व से चिढ़े बैठे कश्मीरी मुसलमान समाज व मुसलिम आतंकवादी इस बात से और अधिक नाराज हो गए कि भारत सरकार के आतंकवाद विरोधी अभियान में वहाँ रह रहे ये कश्मीरी पंडित भारत सरकार के मित्र, खबरी और इन आतंकियों तथा अलगाववादियों के दुशमन सिद्ध हो रहे थे। इस दौर में कश्मीर में अलगाववादी समाज और आतंकवादियों ने इस शांतिप्रिय हिंदू पंडित समाज के विरुद्ध चल रहे अपने धीमे और छद्म संघर्ष को घोषित संघर्ष में बदल दिया।

इस भयानक नरसंहार पर कश्मीर के पूर्व मुख्यमंत्री फारुक अब्दुल्ला की रहस्यमयी चुप्पी और कश्मीरी पंडित विरोधी मानसिकता केवल इस घटना के समय ही सामने नहीं आई थी। तब के दौर में तत्कालीन मुख्यमंत्री फारुख अब्दुल्ला अपने पिता

शेख अब्दुल्ला के कदमों पर चलते हुए अपना कश्मीरी पंडित विरोधी आचरण कई बार सार्वजनिक कर चुके थे। 19 जनवरी, 1990 के मध्ययुगीन, भीषण और पाशविक दिन के पूर्व जमात-ए-इसलामी द्वारा कश्मीर में अलगाववाद का समर्थन करने और कश्मीर को हिंदूविहीन करने के उद्देश्य से हिजबुल मुजाहिदीन की स्थापना हो गई थी। कश्मीर के मुसलमानों ने कश्मीर घाटी को हिंदूविहीन कर देने की योजना पर तेजी से कार्य करना प्रारंभ कर दिया था। वस्तुतः 1984-86 के बीच में पाकिस्तान के कब्जेवाले कश्मीर के मुसलिम जिहादियों को षड्यंत्रपूर्वक भारतीय कश्मीर में बसाया गया और घाटी में जनसंख्या संतुलन को मुसलिम जिहादियों के पक्ष में निर्मित करके हिंदुओं पर योजनापूर्वक हमले प्रारंभ करवाए गए। पाकिस्तान की योजना का यह कार्य कश्मीर की राज्य सरकार व केंद्र की सरकार ने बड़ी ही सहजता से सहन करने की जो गलती की, उसका दंड आनेवाली समूची पीढ़ी व संपूर्ण भारत को आज तक भुगतना पड़ रहा है। इस घटना की पुनरावृत्ति कश्मीर में चलती रही व परिणामस्वरूप हिजबुल मुजाहिदीन ने 4 जनवरी, 1990 को कश्मीर के स्थानीय समाचार-पत्र में एक विज्ञप्ति प्रकाशित कराई, जिसमें स्पष्टतः सभी कश्मीरी पंडितों को कश्मीर छोड़ने की धमकी दी गई थी। इस क्रम में पाकिस्तानी प्रधानमंत्री बेनजीर ने भी टीवी पर कश्मीरियों को भारत से मुक्ति पाने का एक भड़काऊ भाषण दे दिया। कश्मीर में रह रहे अलगाववादियों, आतंकियों व फारुख अब्दुल्ला के छद्म रूप को पाकिस्तान का समर्थन मिल गया और घाटी में खुलेआम भारत विरोधी नारे लगने लगे। घाटी की मसजिदों में अजान के स्थान पर हिंदुओं के लिए धमकियाँ और हिंदुओं को खदेड़ने या मार-काट देने के जहरीले आह्वान तथा तकरीरें बजने लगीं। कश्मीर में हिंदुओं को वीभत्सतापूर्वक मारा-काटा जाने लगा।

आतंकवादियों व अलगाववादी मुसलामानों ने मसजिदों को अपराध, घृणा व नफरत का स्रोत बना दिया। कश्मीर के एक स्थानीय समाचार पत्र 'अल-सफा' ने भी कश्मीरी पंडितों को घाटी छोड़ देने की विज्ञप्ति का प्रकाशन किया था। इस भड़काऊ, नफरत, धमकी, हिंसा और भय से भरे शब्दोंवाली इस खतरनाक विज्ञप्ति के प्रकाशन के बाद कश्मीरी पंडितों में गहरे तक भय, डर, घबराहट का संचार हो गया। यह स्वाभाविक भी था, क्योंकि तब तक कश्मीरी पंडितों के विरोध व हत्याओं की कई छोटी बड़ी घटनाएँ वहाँ सतत घट चुकी थीं और कश्मीरी प्रशासन तथा भारत सरकार दोनों ही उन पर नियंत्रण नहीं कर पा रही थीं। 19 जनवरी, 1990 की भीषणता को, कश्मीर और भारत सरकार की विफलता को इससे स्पष्ट समझा जा सकता है कि पूरी घाटी में कश्मीरी पंडितों के घर और दुकानों पर नोटिस चिपका दिए गए थे कि 24 घंटों के भीतर वे घाटी छोड़कर चले जाएँ या इसलाम ग्रहण कर कड़ाई से इसलाम के नियमों का

पालन करें। घरों पर धमकी भरे पोस्टर चिपकाने की इस बदनाम घटना से भी तत्कालीन भारत की केंद्र और कश्मीरी की राज्य सरकार चेती नहीं; परिणामस्वरूप पूरी घाटी में कश्मीरी पंडितों के घर धू-धू कर जल उठे। तत्कालीन मुख्यमंत्री फारुक अब्दुल्ला इन घटनाओं पर आपराधिक चुप्पी व घृणित आचरण अपनाए रहे। फारुख अब्दुल्ला पंडित समुदाय की रक्षा की कारवाई का अभिनय करते रहे और कश्मीरी पंडित अपनी ही भूमि पर ताजा इतिहास की सर्वाधिक पाशविक-बर्बर-क्रूरतम गतिविधियों का खुलेआम शिकार होते रहे। घाटी में पहले से फैली अराजकता चरम पर पहुँच गई। कश्मीरी पंडितों के सर काटे गए, कटे सिरवाले शवों को चौक-चौराहों पर लटकाया गया। कश्मीरी पंडित समुदाय की महिलाओं के साथ हजारों बलात्कार हुए और उन पर पाशविक, बर्बर अत्याचार किए गए। गरम सलाखें पंडित स्त्रियों के शरीर में दागी गईं। अपने सतीत्व, स्त्रीत्व व लज्जा की रक्षा हेतु सैकड़ों कश्मीरी पंडित स्त्रियों ने आत्महत्या करने में ही भलाई समझी और उन्होंने मृत्यु का वरण कर लिया।

कश्मीर घाटी में मुसलिम समुदाय इतना बर्बर व मध्ययुगीन आचरण कर रहा था कि बड़ी संख्या में कश्मीरी पंडितों के शवों का समुचित अंतिम संस्कार भी नहीं होने दिया गया था। कश्यप ऋषि के संस्कारवान् कश्मीर में संवेदनाएँ समाप्त हो गईं और पाशविकता-बर्बरता का वीभत्स नंगा नाच हो रहा था। जम्मू कश्मीर लिबरेशन फ्रंट और हिजबुल मुजाहिदीन ने जाहिर और सार्वजनिक तौर पर इस हत्याकांड का नेतृत्व किया था। यह सब एकाएक नहीं हुआ था, हिजबुल और अलगाववादियों का अप्रत्यक्ष समर्थन कर रहे फारुख अब्दुल्ला तब भी चुप रहे थे या कारवाई करने का अभिनय मात्र कर रहे थे। उस समय कश्मीर के भाजपा नेता और कश्मीरी पंडितों के हितों के प्रवक्ता टीकालाल टपलू की 14 सितंबर, 1989 को दिनदहाड़े हत्या कर दी गई थी। अलगाववादियों को कश्मीर प्रशासन का ऐसा वरदहस्त प्राप्त रहा कि बाद में उन्होंने कश्मीरी पंडित और श्रीनगर के न्यायाधीश एन. गंजू की भी हत्या कर दी और जब इसकी प्रतिक्रिया हुई तो 320 कश्मीरी स्त्रियों, बच्चों और पुरुषों की हत्या कर दी गई। ऐसी कितनी ही हृदय-विदारक, अत्याचारी और बर्बर घटनाएँ कश्मीरी पंडितों के साथ घटती चली गईं और दिल्ली की तत्कालीन केंद्र सरकार लाचार देखती व हाथों पर हाथ धरकर बैठी रही। दिल्ली की केंद्र सरकार निर्णयहीनता, छद्म धर्मनिरपेक्षता व तुष्टीकरण का ज्वलंत उदाहरण बन गई और उन दिनों श्रीनगर की फारुख सरकार तो जैसे खुलकर इन आततायियों के पक्ष में आ गई थी। इस पृष्ठभूमि में हिजबुल और जे.के.एल.एफ. का दुस्साहस बढ़ना स्वाभाविक ही था। जे.के.एल.एफ. ने खुली छूट पाकर दुस्साहसी रुख अपनाया व उसने कश्मीरी पंडितों की दुकानों-घरों पर 24 घंटे

में कश्मीर घाटी को छोड़ देने या मार दिए जाने की धमकी के नोटिस चिपका दिए।

इसके बाद जो हुआ, वह एक दुखद, क्षोभजनक, वीभत्स, दर्दनाक और इतिहास को दहला देनेवाले काले अध्याय के रूप में सामने आया। अंततोगत्वा वही हुआ, जो वहाँ के अलगाववादी, आतंकवादी हिजबुल और जे.के.एल.एफ. चाहते थे। कश्मीरी पंडित पूर्व की घटनाओं, घरों पर नोटिस चिपकाए जाने और बेहिसाब कत्लेआम से घबराकर 19 जनवरी, 1990 को हिम्मत हार गए। फारुख अब्दुल्ला के कुशासन में आतंकवाद और अलगाववाद चरम पर आकर विजयी हुआ और इस दिन साढ़े तीन लाख कश्मीरी पंडित अपने घरों, दुकानों, खेतों, केसर के बागों और अकूत संपत्ति को छोड़कर विस्थापित होकर दर-दर की ठोकरें खाने को मजबूर हो गए। कई कश्मीरी पंडित अपनों को खोकर गए, अनेकों कश्मीरी अपने हताहत रिश्तेदारों का अंतिम संस्कार भी नहीं कर पाए और हजारों तो यहाँ से निकल ही नहीं पाए, जो मार-काट डाले गए। विस्थापन के बाद का जो दौर आया, वह भी किसी प्रकार से आतताइयों द्वारा दिए गए कष्टों से कम नहीं रहा कश्मीरी पंडितों के लिए। बाद में कश्मीरी पंडित सरकारी शिविरों में नारकीय जीवन जीने को मजबूर हुए। हजारों कश्मीरी पंडित दिल्ली, मेरठ, लखनऊ जैसे नगरों में सनस्ट्रोक से इसलिए मृत्यु को प्राप्त हो गए, क्योंकि उन्हें गरम मौसम में रहने की आदत नहीं थी। आज कश्मीर से पंडितों के इस बलात् पलायन व बर्बर नरसंहार को तीस वर्ष पूर्ण होने को हैं, किंतु कश्मीरी पंडितों के घरों पर हिजबुल द्वारा नोटिस चिपकाए जाने से लेकर विस्थापन तक और विस्थापन से लेकर तमाम अत्याचारों की कोई व्यवस्थित न्यायिक जाँच या हिसाब-किताब नहीं हुआ है। तमाम मानवाधिकार आयोग, संगठन, मीडिया, सेमिनारों के वक्ता, तथाकथित बुद्धिजीवी, मोमबत्ती बाज और संयुक्त राष्ट्र संघ, सभी इस विषय में कमोबेश बोले नहीं या बोले तो इस तरह कि पंडितों को कभी न्याय नहीं मिल पाया। इन कश्मीरी पंडितों की समस्या का कोई ठोस हल आज तिथि तक नहीं निकला है। यह सच से मुँह मोड़ने और शुतुरमुर्ग होने का ही परिणाम है कि कश्मीरियों के साथ हुई इस घटना को सरकारी रिपोर्टों में शर्मनाक ढंग से स्वैच्छिक पलायन बताया गया। सच्चाई से मुँह मोड़ते हुए राष्ट्रीय मानवाधिकार आयोग ने इस घटना को सामूहिक नर-संहार मानने से इनकार कर दिया। ऐसा घोर अन्याय और तथ्यों की असंवेदी अनदेखी का कोई अन्य उदाहरण विश्व भर में देखने को नहीं मिलता है।

इस बर्बर हत्याकांड में 6,000 कश्मीरी पंडितों का सामूहिक नरसंहार किया गया। साढ़े सात लाख पंडितों को कश्मीर से पलायन के लिए मजबूर किया गया। कश्मीर में पूज्य शंकराचार्यजी के काल से चले आ रहे अनेकों पुरातात्त्विक व पौराणिक मंदिरों

सहित डेढ़ हजार मंदिरों का विध्वंस कर दिया गया। कश्मीरी पंडितों के 600 गाँवों को नया इसलामी नाम दिया गया। केंद्र की रिपोर्ट के अनुसार कश्मीर घाटी में कश्मीरी पंडितों के अब केवल 808 परिवार निवासरत हैं तथा उनके 59,442 पंजीकृत प्रवासी परिवार बेबस, विवश होकर घाटी के बाहर रह रहे हैं। कश्मीरी पंडितों के घाटी से पलायन से पहले वहाँ 430 मंदिर थे और अब इनमें से मात्र 260 बचे हैं, जिनमें से भी 170 मंदिर तोड़-फोड़ व विध्वंस के शिकार होकर क्षतिग्रस्त हो गए हैं।

वर्ष 1995 में मुसलिम आतंकवादी संगठन अलकायदा का गठन होने के पश्चात् कश्मीर में अल्लाह टाइगर्स नामक जिहादी संगठन ने 1986 के पूर्व ही कश्मीर की हिंदू विरोधी सरकार के सहयोग से स्वयं को इतना शक्तिशाली बना लिया कि ये सार्वजनिक तौर पर हिंदुओं को प्रताड़ित, अपमानित व उनकी लूटपाट करने लगे थे। इस दौर में हिंदुओं पर पहला हमला 1986 में अनंतनाग में हुआ था। दिसंबर 1989 में राधाकृष्ण विद्यालय में पढ़ानेवाले पंडित समुदाय के शिक्षक जोगिंदर नाथ का नाम अन्य तीन अध्यापकों के साथ नोटिस बोर्ड पर चिपकाकर उन्हें घाटी छोड़ने की धमकी दी गई थी। अंततः पंडित जोगिंदर व अन्य मुसलिम आतंकियों के अत्याचारों से घबराकर जून 1989 में घाटी छोड़कर चले गए। 2 फरवरी, 1989 को सामाजिक कार्यकर्ता सतीश टिक्कू की हत्या कर दी गई। 23 फरवरी, 1989 को कृषि विभाग के अधिकारी अशोक की निर्मम हत्या कर दी गई। इसी क्रम में सात दिनों पश्चात् मुसलिम जिहादियों द्वारा नवीन सपरू को मौत के घाट उतार दिया गया। 27 फरवरी, 1989 को तेज किशन को इन मुसलिम जिहादियों ने घर से उठा लिया और तरह-तरह की यातनाएँ देने के बाद कत्ल करके उसे बड़गाम में पेड़ पर लटका दिया। 19 मार्च को इखवान-अल-मुसलमीन नामक संगठन के जिहादियों ने टेलीकाम इंजीनियर बी.के. गंजु को घर में घुसकर पड़ोसी मुसलमानों की सहायता से मार डाला। उसके बाद राज्य सूचना विभाग में सहायक उपदेशक पी.एन. हांडा का कत्ल किया गया। 70 वर्षीय स्वरानंद और उनके 27 वर्षीय बेटे वीरेंद्र को मुसलिम जिहादी घर से उठाकर अपने कैंप में ले गए, वहाँ उनकी पहले आँखें निकाली, अंगुलियाँ काटीं और फिर उनकी हत्या कर दी गई।

मई में बारामुला में सतींद्र कुमार और स्वरूपनाथ को यातनाएँ देने के बाद कत्ल कर दिया गया। भूषण लाल कौल का आँखें निकालने के बाद जिहादियों द्वारा कत्ल कर दिया गया, सोपोर के कृषि विश्वविद्यालय के प्राध्यापक के.एल. गंजु को उनके घर से पत्नी व भतीजे सहित उठाकर झेलम नदी के किनारे एक मसजिद में ले जाया गया, वहाँ पर के.एल. गंजु का यातनाएँ देने के बाद कत्ल कर दिया गया और भतीजे को नितंबों में गोली मारकर झेलम में फेंक दिया गया। बाद में उनकी पत्नी का भी बलात्कार करने

के बाद कत्ल कर दिया गया। पंडित परिवार की ही शेर-ए-कश्मीर हास्पिटल की नर्स सरला भट्ट को जे.के.एल.एफ. के जिहादियों ने हॉस्टल से अगुआ करके उनके साथ कई बार बलात्कार किया व उनका कत्ल कर दिया। मई में सोपियाँ श्रीनगर में बृजलाल, उनकी पत्नी रत्ना व बहन सुनीता का मुसलिम जिहादियों ने अपहरण कर लिया। बृजलाल को कत्ल कर दिया गया, महिलाओं का बलात्कार करने के बाद उन्हें जीप के पीछे बाँधकर प्रताड़ित करने के बाद उनका कत्ल कर दिया गया। जून आते-आते सैकड़ों हिंदुओं का कत्ल किया जा चुका था। इस दौरान लगातार फारुख अब्दुल्ला व अन्य कश्मीरी मुसलिम नेता चुप रहे या मुसलिम आतंकियों की इन लगातार लूट, अपहरण, बलात्कार, हत्याओं व हिंदुओं को घाटी से खदेड़ने की घटनाओं पर परदा डालते रहे। जून 1989 तक पचास हजार से अधिक पंडित परिवार बेबस होकर घाटी छोड़कर जम्मू व देश के अन्य हिस्सों में शरणार्थी बन गए थे।

एक अगस्त, 1993 को जम्मू में डोडा के भद्रबाह क्षेत्र के सारथल में बस रोकर उसमें से हिंदुओं को छाँट-छाँटकर 17 हिंदुओं का नरसंहार कर दिया गया। 14 अगस्त, 1993 को किस्तबाड़ डोडा जिले में मुसलिम जिहादियों ने बस रोककर उसमें से हिंदुओं को अलग कर 15 हिंदुओं की निर्मम हत्या कर दी। 5 जनवरी, 1996 में डोडा के बारसला गाँव में पड़ोसी मुसलिम जिहादियों द्वारा 16 हिंदुओं का कत्ल कर दिया गया 12 जनवरी, 1996 डोडा के भद्रबाह में मुसलमानों द्वारा 12 हिंदुओं का कत्ल 6 मई, 1996 डोडा के सुंबर रामबन तहसील में 17 हिंदुओं का मुसलिम जिहादियों द्वारा नरसंहार, 7-8 जून को डोडा के कलमाड़ी गाँव में मुसलमानों द्वारा 9 हिंदुओं की हत्या, 25 जनवरी, 1997 को डोडा जिला के संबर क्षेत्र में मुसलमानों द्वारा 17 हिंदुओं का कत्ल, 26 जनवरी को बनधामा श्रीनगर में 25 हिंदुओं की हत्या, 21 मार्च, 1997 को श्रीनगर के दक्षिण में 20 किलोमीटर दूर संग्रामपुर में मुसलिम जिहादियों द्वारा 7 हिंदुओं को घर से निकालकर मार डाला गया, 7 अप्रैल को संग्रामपुर में 7 हिंदुओं की हत्या की गई। 15 जून को गूल से रामबन जा रही बस से मुसलिम जिहादियों द्वारा 3 हिंदू यात्रियों को उतारकर गोली मार दी गई, 24 जून को जम्मू के राजौरी के स्वारी में 8 हिंदुओं की हत्या कर दी गई, 24 सितंबर को स्वारी में ही 7 हिंदुओं की हत्या कर दी गई। आतंक का वातावरण बनाने व समूचे कश्मीर को हिंदू विहीन बनाने हेतु ये मुसलिम आतंकवादी हिंदुओं की केवल हत्या नहीं करते थे; वे शेष हिंदुओं को भयभीत करने हेतु हत्या से पूर्व कश्मीरी पंडितों की अंगुलियाँ काट लेते थे, उनकी माँ-बहन, बेटी से पाशविक बलात्कार करते थे, उनके परिवार की महिलाओं के गुप्तांगों पर प्रहार करते थे, हत्या के पूर्व अंग-भंग करते थे, उनकी आँखें निकालते थे, उनके नाखून खींचते

थे, बाल नोचते थे, जिंदा जलाते थे, हिंदू मातृशक्ति के वक्षस्थल को काट डालते थे। इस प्रकार के वीभत्स, पाशविक व पैशाचिक हत्याकांड बिना किसी व्यापक समर्थन के संभव नहीं थे।

पाकिस्तान से आए हुए जिहादी, कश्मीर के स्थानीय मुसलमान समूह, शासकीय तंत्र, सभी इन अपराधों में संलग्न थे। इन हत्याओं की आधी-अधूरी जाँच में कश्मीर के सुरक्षा बलों ने कई स्थानों पर स्वीकारा है कि स्थानीय मुसलमान समाज इन नरसंहारों में सहयोगी रहता था। जाँच में यह भी बात आई है कि देश के अन्य भागों से भी इस अभियान को मुसलमानों से धन व नैतिक समर्थन व्यापक रूप में मिल रहा था। इन बर्बर हत्याकांडों की श्रृंखला को सरकारी सहयोग मिलने की पुष्टि करते हुए हजारों प्रमाण अब भी जीवंत हैं। कश्मीर का शासकीय तंत्र मुसलिम जिहादियों के अपराधों के साक्ष्य न्यायालय में प्रस्तुत न करता था और न होने देता था। शासन द्वारा इन मामलों में छोटे न्यायालयों के निर्णयों की अपीलें बड़े न्यायालयों में नहीं की जाती थीं। अपराधी निर्दोष सिद्ध कर दिए जाते थे। पूरे देश के तथाकथित बुद्धिजीवी, मानवाधिकार के कार्यकर्ता, आंदोलनकारी चुप रहते थे। उन्हें कश्मीर में मानवाधिकार का हनन नहीं दिखता था, क्योंकि वहाँ मात्र हिंदुओं का दमन हो रहा था। सेकुलरिज्म या धर्म-निरपेक्षता के नाम पर शासकीय तंत्र व समाज के जिम्मेदार वर्ग की इतनी नीच, गंदी व पाशविक सोच कभी दूसरी जगह नहीं दिखाई दी जैसी कि कश्मीर में पंडित को खदेड़ने के अभियान में दिखाई दी थी। भारत में वर्ष 638 से प्रारंभ हुआ मुसलिम आक्रांताओं का हिंदू दमन अभियान कश्मीर में चरम पर आकर अपना नग्नतम, वीभत्स नाच दिखा रहा था।

कश्मीर में हुए इस व्यापक व वर्षों तक चले 'पंडित भगाओ' अभियान से घाटी पंडितों से लगभग खाली हो चुकी थी, किंतु तब भी मुसलिम जिहादी शांत नहीं हो रहे थे। घाटी में हिंदू विरोधी अभियान सतत जारी रखा जा रहा था। इस क्रम में 25 जनवरी, 1998 को दो दर्जन मुसलमान जिहादियों ने श्रीनगर के समीप के गाँव वनधामा में 23 हिंदुओं का सामूहिक हत्याकांड किया गया। इसके बाद 17 अप्रैल को ऊधमपुर के प्रानकोट व धाकीकोट में मुसलिम जिहादियों द्वारा 29 हिंदुओं की हत्या की गई। इन सामूहिक नरसंहारों की श्रृंखला से घबराकर कई-कई हिंदू बहुल गाँव-के-गाँव खाली होने लगे। भय से हिंदू अपनी भूमि से जाने लगे या खदेड़े जाने लगे। इसी वर्ष 18 अप्रैल को सुरनकोट पुँछ में मुसलमानों द्वारा 5 हिंदुओं की हत्या की गई, फिर 6 मई को 11 हिंदुओं की हत्याएँ, फिर 19 जून डोडा में 25 हिंदुओं की सामूहिक हत्या मुसलिम जिहादियों द्वारा कर दी गई थी। 27 जून को डोडा के ही किस्तबाड़ में 20 हिंदू मार दिए गए, 27 जुलाई को थकारी व सरवान गाँव में 16 हिंदू मारे गए, फिर 8

अगस्त को हिमाचल की चंबा और डोडा की सीमा पर कालाबन में 35 हिंदुओं की हत्या, फिर 13 फरवरी, 1999 को उधमपुर में मुसलमानों द्वारा 5 हिंदुओं की हत्या, 19 फरवरी को राजौरी में 19 व ऊधमपुर में 4 हिंदुओं को काल-कवलित किया गया। 24 जून को अनंतनाग के सांथु गाँव में 12 हिंदू बिहारी मजदूरों की हत्या, 1 जुलाई को मेंधार पूँछ में 9 हिंदुओं की हत्या, 15 जुलाई को डोडा के थाथरी गाँव में 15 हिंदुओं की हत्या, 19 जुलाई को डोडा के लायता में 15 हिंदुओं की हत्या, 28 फरवरी, 2000 को अनंतनाग में काजीकुणड के पास 5 हिंदुओं की हत्या, 28 फरवरी को इसी जगह पर 5 सिख हिंदुओं की हत्या की गई।

20 मार्च को जम्मू के छटीसिंहपूरा गाँव में मुसलिमों ने 35 सिखों को काट डाला था, यहाँ 40-50 जिहादियों ने एक साथ मिलकर सिखों पर हमला किया व पुरुषों को अलग कर उनका नरसंहार किया गया। 1 अगस्त को पहलगाँव में 31 अमरनाथ यात्रियों की निर्मम हत्या की गई। इसके बाद 1 अगस्त को ही अनंतनाग के काजीकुंड और अछाबल में 27 हिंदुओं की हत्या की गई। 2 अगस्त को कुपबाड़ा में 7 हिंदुओं को काट डाला गया और इसी दिन डोडा में 12 हिंदुओं की हत्या तथा इसी दिन डोडा के मरबाह में 8 हिंदुओं को मारा किया गया। 24 नवंबर को किस्तबाड़ में 5 हिंदुओं की हत्या की गई, 3 फरवरी, 2001 को माहजुरनगर में सिखों की हत्या, 11 फरवरी को राजौरी के कोट चरबाल में छोटे-छोटे बच्चों सहित 15 गुर्जरों की निर्मम हत्या की गई। 17 मार्च को अथोली डोडा में 8 हिंदुओं को मौत की नींद सुलाया गया, फिर 9-10 मई को डोडा के पदर किस्तबाड़ में 8 हिंदुओं की गला काटकर हत्या की गई और इनके शवों को अपमानपूर्वक क्षत-विक्षत किया गया। 21 जुलाई को बाबा अमरनाथ की पवित्र गुफा पर हमले में मुसलिम जिहादियों द्वारा 13 हिंदू शिव भक्तों को मार डाला गया, इस हमले में 15 हिंदू गंभीर रूप से घायल हुए। 21 जुलाई को किस्तबड़ डोडा में 20 हिंदुओं की हत्या, 22 जुलाई को डोडा के चिरगी व तागूड में 15 हिंदुओं की हत्या, 4 अगस्त को डोडा के सरोतीदार में 15 हिंदुओं की हत्या, 6 अगस्त को स्वचालित हथियारों से लैस तीन मुसलिम जिहादियों ने जम्मू रेलवे स्टेशन पर हमलाकर 11 हिंदुओं की हत्या की व 20 को घायल किया।

1 जनवरी, 2002 को पुंछ के मगनार गाँव में 6 हिंदुओं की हत्या, 7 जनवरी को जम्मू के रामसूर क्षेत्र में 17 व बनिहाल के सोनवे-पोगल क्षेत्र में 6 हिंदुओं की हत्या, 17 फरवरी को राजौरी के भामवल-नेरल गाँव में मुसलमानों द्वारा 8 हिंदुओं की हत्या की गई। 14 मई को जम्मू-पठानकोट राजमार्ग पर कालुचक में मुसलिम जिहादियों द्वारा 33 सैनिकों व सैनिक परिवार के सदस्यों की पाशविकता से हत्या कर

दी गई थी। 13 जुलाई को राजीव नगर (कासिम नगर) जम्मू में एक तीन वर्षीय शिशु सहित 28 हिंदुओं को मार डाला गया। 30 जुलाई को जिहादियों ने अमरनाथ यात्रियों को वापस ला रही कैब को अनंतनाग में ग्रेनेड हमले से उड़ा दिया। 6 अगस्त को पहलगाँव के पास ननवाव में जिहादियों द्वारा भारी सुरक्षा व्यवस्था में चल रहे आधार शिविर में अमरनाथ यात्रियों पर हमला कर 9 हिंदुओं को मार डाला गया व 33 को घायल कर दिया। 29 अगस्त को डोडा और राजौरी में 10 हिंदुओं की हत्या की गई, 24 नवबंर को जम्मू के ऐतिहासिक रघुनाथ मंदिर पर हमला कर 14 दर्शनार्थी हिंदुओं की हत्या की गई व 53 हिंदू इस हमले में घायल हुए। 24 मार्च, 2003 को सोपियाँ के समीप नदीमार्ग गाँव में मुसलिम जिहादियों द्वार 24 हिंदुओं को मारा गया, और फिर 7 जुलाई को नौसेरा में 5 हिंदुओं को मारा गया। 5 अप्रैल, 2004 को अनंतनाग जिले के पहलगाम में 7 हिंदुओं को मारा गया।

12 जून को पहलगाम में ही 5 हिंदू अमरनाथ यात्रियों की हत्या की गई। 30 अप्रैल, 2006 को डोडा के पंजदोबी गाँव में मुसलिम जिहादियों द्वारा 19 हिंदुओं की हत्या की गई, 1 मई को उधमपुर के बसंतपुर क्षेत्र में मुसलिम जिहादियों द्वारा 13 हिंदुओं को मौत के घाट उतार दिया गया, फिर 23 मई को श्रीनगर में ग्रेनेड हमले में 7 हिंदुओं की हत्या की गई, फिर 25 मई को श्रीनगर में ही 3 हिंदू यात्रियों की हत्या और फिर 31 मई को ही ग्रेनेड हमला कर 21 हिंदू घायल किए गए। 12 जून को फिर ग्रेनेड से 1 यात्री का कत्ल किया गया व 31 घायल किए गए। 12 जून को ही मुसलिम जिहादियों द्वारा अनंतनाग में 8 हिंदू श्रमिकों की हत्या कर दी गई थी व 5 घायल हुए थे। 21 जून को गंदरबल श्रीनगर में मुसलिम जिहादियों ने ग्रेनेड हमला कर 5 अमरनाथ यात्रियों को घायल किया। 11 जुलाई को श्रीनगर में ही अमरनाथ तीर्थयात्रियों को निशाना बनाकर किए गए शृंखलाबद्ध ग्रेनेड हमले में 8 लोग मारे गए व 41 घायल हुए। 12 जुलाई को 7 हिंदू तीर्थयात्री श्रीनगर ग्रेनेड हमलों में घायल किए गए। ये तो हुए ज्ञात व ध्यान में आए हुए हत्याकांड, किंतु ऐसी न जाने कितनी ही घटनाएँ मुसलिम जिहादियों द्वारा पाकिस्तान के साथ मिलकर आतंकी रीति-नीति से की गई, जो पता ही नहीं चल पाईं। हजारों अन्य हत्याएँ हुईं, जो दबी की दबी रह गईं। मुसलिम जिहादियों द्वारा किए गए अनेक नरसंहारों, हत्याकांडों व दुराचारों की घटनाओं को प्रसाशन व मीडिया के सामने आने ही नहीं दिया गया व परिवार के परिवार, संपूर्ण कुनबे, संपूर्ण गाँव के गाँव एक साथ एक समय पर काल के गाल में पहुँचा दिए गए।

इस प्रकार कश्मीर में मुसलिम जिहादी जनसंख्या असंतुलन के अपने लक्ष्य में सफल हुए व घाटी को लगभग हिंदू विहीन कर दिया। परिणाम देश के समक्ष है, आज

कश्मीर में वही होता है, जो ये जिहादी चाहते हैं। राजनैतिक निर्णय क्षमता जिहादियों के हाथों में केंद्रित है, प्रशासनिक तंत्र के सूत्रधार जिहादी बन बैठे हैं।

देश ने कश्मीरी पंडितों की इस वेदना, पीड़ा, संत्रास व व्यथा से क्या शिक्षा ली है, यह पता नहीं, किंतु इतना अवश्य स्पष्ट दिखता है कि कल्हण का कश्मीर, ऋषि कश्यप का यह स्वर्ग, भारत का मस्तक मुकुट आज भारत के पास होते हुए भी मुसलिम जिहादियों के कब्जे में है।

❑

# जनसंख्या नियंत्रण के एकांगी उपायों से मुक्ति ही एकमेव मार्ग

हमारा देश पिछले चार दशकों से जनसंख्या नियंत्रण के विभिन्न उपायों को अपना रहा है। शासकीय, सामाजिक, शैक्षणिक आदि स्तर पर जनसंख्या नियंत्रण के विभिन्न उपायों को बड़ी ही व्यवस्थित रीति-नीति से समाज के हर स्तर के व्यक्ति के समीप तक पहुँचाया जा रहा है। देश में जनसंख्या नियंत्रण हेतु शिक्षा का प्रसार, परिवार नियोजन, विवाह की आयु में वृद्धि करना, संतानोत्पत्ति की सीमा निर्धारण करना, सामाजिक सुरक्षा, संतति सुधार कार्यक्रम, जीवन-स्तर को ऊँचा उठाने के प्रयास, स्वास्थ्य सेवा व मनोरंजन के साधन विकसित करना, महिलाओं और बच्चियों के कल्याण तथा उनकी स्थिति को बेहतर करना, गर्भनिरोधक और परिवार नियोजन के अन्य तरीके बताना व साधन वितरित करना, यौन शिक्षा, पुरुष नसबंदी को बढ़ावा, बच्चों के जन्म में अंतर, गर्भनिरोधकों और कंडोम का नि:शुल्क वितरण, महिला सशक्तीकरण को बढ़ावा, निर्धनों हेतु अधिक नि:शुल्क स्वास्थ्य सेवा केंद्र जैसे प्रयास सतत अपनाए जा रहे हैं। दुखद यह है कि जनसंख्या नियंत्रण के सभी उपाय भारत में विफल हो रहे हैं, क्योंकि ये सभी उपाय एक पक्षीय स्तर पर या यों कहा जाए कि एकांगी स्तर पर अपनाए जा रहे हैं। समाज का एक वर्ग जनसंख्या नियंत्रण के उपाय अपना रहा है व अपनी प्रजनन दर को सीमित रखने में सफल होकर राष्ट्र निर्माण में सहयोग कर रहा है, जबकि समाज में एक दूसरा वर्ग साशय व षड्यंत्रपूर्वक अपनी प्रजनन दर को उच्चमम स्तर पर ले जा रहा है एवं बहुसंख्यक हिंदू बंधुओं द्वारा नियंत्रित कर की गई प्रजनन दर के लक्ष्य को पलीता लगा रहा है।

उल्लेखनीय है कि जनसंख्या नियंत्रण के परिप्रेक्ष्य में केरल द्वारा न्यायाधीश वी.आर. कृष्णा अय्यर की अध्यक्षता में 12 सदस्यीय समिति द्वारा तैयार 'वूमेन कोड बिल-2011' पारित किया गया है। इस बिल में प्रावधान है कि देश के किसी भी नागरिक को धर्म, जाति, क्षेत्र और भाषाई आधार पर परिवार नियोजन से बचने की सुविधा नहीं दी जा सकती है। आश्चर्य की बात है कि यह कानून उस राज्य में बनाया गया है, जहाँ जनसंख्या वृद्धि दर अत्यंत सीमित होकर उसके आदर्श मापदंडों पर चल

रही है। केवल केरल ही नहीं अपितु दक्षिण भारत के लगभग सभी राज्य प्रजनन दर को सीमित रखने व विकास के मध्य साम्य व संबंध को पहचान चुके हैं। पूरे देश के जनसांख्यिकीय आँकड़ों से एक बात बड़ी ही सस्वर उभरती है कि देश में परिवार नियोजन अपनाने में सबसे पीछे मुसलिम धर्मावलंबी ही हैं। मुसलिम धर्मगुरुओं, नेताओं व कठमुल्लों ने इस समाज में इस भ्रम को गहरे तक स्थापित कर दिया है कि परिवार नियोजन इसलाम धर्म में पाप है व कुरान में इसकी अनुमति नहीं है। आज समय की सबसे बड़ी आवश्यकता है कि 'केरल वूमेन कोड बिल' को संपूर्ण भारत में लागू किया जाए, जिससे कि सभी धर्मावलंबियों के मध्य जनसंख्या संतुलन समान अनुपात में बना रहे और देश में सामाजिक व धार्मिक टकराव की स्थिति न बने। देश के दूसरे सबसे बड़े धर्म के रूप में इसलाम के माननेवालों द्वारा जनसंख्या नियंत्रण के उपाय प्रभावी रीति-नीति से लागू किए जाएँ, यह परम आवश्यक हो गया है।

❑

# घुसपैठ से जनसंख्या असंतुलन का ज्वलंत उदाहरण : असम

षड्यंत्रपूर्वक जनसंख्या असंतुलन फैलाने का ज्वलंत उदाहरण असम के रूप में हमारे समक्ष है। असम में इस परिस्थिति के कारण पिछले दो दशकों में स्थानीय निवासियों की नारकीय स्थिति बना दी गई है। असम के स्थानीय नागरिकों, मूल निवासियों व घुसपैठियों के मध्य बहुधा ही होनेवाले इस संघर्ष को वर्ग संघर्ष नहीं कह सकते, जातीय या धर्म आधारित संघर्ष भी नहीं कह सकते और इस संघर्ष को दंगे तो बिल्कुल ही नहीं कह सकते हैं! हाँ, इसे स्थानीय नागरिकों का विदेशी अपराधियों से संघर्ष अवश्य कहा जा सकता है और यही इस संघर्ष की सही परिभाषा है। पिछले दशक भर में तरुण गोगोई के नेतृत्व वाली कांग्रेसी राज्य सरकार ने असम के मूल नागरिकों की इस पीड़ा को समझा नहीं और घुसपैठियों के अपराधों को भाँति-भाँति के वैध नाम देने व घुसपैठियों के सरंक्षण के सफल प्रयास किए। असम समस्या के पीछे यही मूल कारण है! असम के चिर आदिवासी जाति बोडो के लोगों का बहुधा ही यहाँ आकर बलात् बस गए बांग्लादेशी मुसलमानों से संघर्ष हो जाता है। बोडो जनजाति के लोगों का कहना है कि ये घुसपैठिए बांग्लादेश से आकर उनकी भूमि और संपत्तियों पर पर कब्जा कर रहे हैं। प्रधानमंत्री नरेंद्र मोदी ने 2014 के चुनाव अभियान में असम की जनता से कहा था कि अगर भाजपा सत्ता में आती है, तो बांग्लादेश के घुसपैठियों को 'अपने बैग तैयार रखने' चाहिए! नरेंद्र मोदी ने बड़ी ही बेबाकी से यह कहते हुए घुसपैठियों के वोटों का जरा सा भी मोह न रखकर अपनी स्पष्टवादिता को प्रकट किया था। असम के तत्कालीन मुख्यमंत्री तरुण गोगोई व प. बंगाल की मुख्यमंत्री ममता बनर्जी ने मुसलिम तुष्टीकरण की नीति अपनाते हुए बांग्लादेशी घुसपैठियों को बड़ी संख्या में बसाने की व्यवस्था बनाई और इस समस्या को विकराल बनाया।

असम की समस्या यहाँ से प्रारंभ हुई थी कि असम गण परिषद् के राजनैतिक वर्चस्व को समाप्त करने के लिए कांग्रेस ने असम में बांग्लादेशी घुसपैठियों की बस्तियाँ बसाने का खतरनाक, आत्मघाती, देशद्रोही और घिनौना खेल प्रारंभ किया। इन स्थानीय

कांग्रेसी नेताओं के दम पर ही ये परजीवी असम के स्थानीय परिवारों में कुछ समय के लिए रहकर राशनकार्ड में अपना नाम जुड़वा लेते और फिर अलग होकर नया राशनकार्ड हासिल कर लेते हैं। बीबीसी की एक रिपोर्ट के अनुसार भारत में तीन करोड़ बांग्लादेशी अवैध रूप से रह रहे हैं। कुछ जमीनी संगठन इस संख्या का वास्तविक आँकड़ा पाँच करोड़ तक बताते हैं और इसके समर्थन में समुचित तर्कसंगत तथ्य भी देते हैं। वहीं आई.बी. की खुफिया रिपोर्ट के मुताबिक अभी भारत में करीब डेढ़ करोड़ से अधिक बांग्लादेशी अवैध रूप से रह रहे हैं, जिसमें से 80 लाख पश्चिम बंगाल में और 50 लाख के लगभग असम में मौजूद हैं। बिहार के किशनगंज, कटिहार और पूर्णिया जिलों में और झारखंड के साहेबगंज जिले में भी लगभग 4.5 लाख बांग्लादेशी रह रहे हैं। 3.75 लाख बांग्लादेशी त्रिपुरा राज्य में रह रहे हैं। नागालैंड और मिजोरम भी बांग्लादेशी घुसपैठियों के लिए शरणस्थली बने हुए हैं। 1991 में नागालैंड में अवैध घुसपैठियों की संख्या जहाँ 20 हजार थी, वहीं अब यह बढ़कर एक लाख से अधिक हो गई है। असम के 27 जिलों में से 8 में बांग्लादेशी मुसलमान बहुसंख्यक बन चुके हैं। 1901 से 2001 के बीच असम में मुसलमानों का अनुपात 15.03 प्रतिशत से बढ़कर 30.92 प्रतिशत हो गया था। और तो और दिल्ली में इन अवैध बांग्लादेशियों का आँकड़ा चार लाख तक पहुँच गया है। ये घुसपैठिए जहाँ भी रहते हैं, वहाँ का प्रशासनिक और सामाजिक ताना-बाना साशय ध्वस्त करने का इन्हें प्रशिक्षण मिला होता है, अत: ये सफलतापूर्वक कुछ दस्तावेज बनाकर व कुछ स्थानीय वोट के लालची नेताओं के दम पर यहाँ रहने लग जाते हैं।

असम में 42 से अधिक विधानसभा क्षेत्र ऐसे हो गए हैं, जहाँ बांग्लादेशी घुसपैठिए राजनैतिक दृष्टि से निर्णायक हो गए हैं। यही इनका लक्ष्य भी होता है कि निर्णायक संख्या में आकर चुनावी गणित के आधार पर नेताओं से मनचाहे निर्णय कराए जा सकें। लूट, हत्या, बोडो लड़कियाँ भगाकर जबरन धर्मांतरण और बोडो जनजातियों की जमीन पर अतिक्रमण करना इनका रोजमर्रा का काम हो गया है, जिसके कारण संपूर्ण असम का सामाजिक ताना-बाना ध्वस्त होने के कगार पर है। ब्रह्मपुत्र नदी के उत्तरी किनारे पर बोडो क्षेत्र है, जहाँ 1975 के आंदोलन के बाद बोडो स्वायत्तशासी परिषद् की स्थापना हुई, जिससे कोकराझार, बक्सा, चिरांग और उदालगुड़ी प्रभावित रहे हैं। बोडो बंधु लगातार बांग्लादेशी घुसपैठियों के हमलों का शिकार होते आए हैं। घुसपैठियों द्वारा सतत की जा रही धर्म आधारित हिंसा को क्षेत्र के विद्रोही आतंकवादी संगठन मुसलिम यूनाइटेड लिबरेशन टाइगर्स ऑफ असम (मुलटा) से समर्थन मिलता है और मुसलिमों की भावनाएँ भड़काने में ऑल माइनॉरिटी स्टूडेंट्स यूनियन (आमसू) का भी हाथ रहता है। उल्लेखनीय है कि आमसू प्रदेश की तत्कालीन गोगोई सरकार से समय-समय पर

प्रत्यक्ष रूप से पोषित और कृतार्थ होती रही है। पिछले दशक भर में गोगोई व केंद्र के मनमोहन शासन के इस तुष्टीकरण वाले आचरण के कारण इस क्षेत्र में बांग्लादेशी मुसलिमों और हिंदू समय-समय आमने-सामने की मुद्रा में आते रहे हैं। प्रश्न यह है कि गोगोई की प्रदेश सरकार ने तब के अनेक मौकों पर इस आसन्न संकट को जो कि प्रत्यक्षत: दिख रहा था, क्यों नहीं पहचाना? असम जो कभी 100 प्रतिशत हिंदू बहुल राज्य हुआ करता था, हिंदू शैव और शाक्तों के अलावा यहाँ हिंदुओं के कई जनजाति समूह भी थे। आज अवैध मुसलिम घुसपैठियों की मार से अपना जनजातीय स्वरूप ही खो बैठे हैं। असम में मुसलिम आबादी 2001 में 30.9 प्रतिशत थी, जबकि 2011 में बढ़कर वह 34.2 प्रतिशत हो गई।

असम में 27 जिले हैं, जिसमें से असम के बारपेटा, करीमगंज, मोरीगाँव, बोंगईगाँव, नागाँव, ढुबरी, हैलाकंडी, गोलपारा और डारंग 9 मुसलिम बहुल आबादीवाले जिले हैं, इन जिलों में मुसलिमों ने अन्य समुदायों को बेतरह आतंकित कर रखा है। पहले 1951 से भारत में बांग्लादेशियों का वैध रूप से भारत में आकर बसना जारी था। 1971 के बांग्लादेश में खूनी संघर्ष के दौरान बांग्लादेश के लाखों मुसलमान भारत के असम व अन्य पूर्वोत्तर राज्यों में आकर और अधिक तेजी से आकर बसने लगे थे। इन राज्यों की तत्कालीन सरकारों ने उस समय व उसके बाद लगातार इस समस्या में कोई ध्यान नहीं दिया, फलस्वरूप इसके चलते इन अवैध घुसपैठियों ने अपने पक्के घर बनाना शुरू कर दिया और फिर धीरे-धीरे पिछले चार दशक से जारी घुसपैठ के दौरान बांग्लादेशियों ने मिलकर भूमि और जंगलों पर जबरन अपना अधिकार जताना शुरू कर दिया। धीरे-धीरे बांग्लादेशी मुसलमानों सहित स्थानीय मुसलमानों ने (बीटीएडी में) बोडो हिंदुओं की खेती की 73 फीसदी जमीन पर अवैध, बलात् व षड्यंत्रपूर्वक कब्जा कर लिया। फलस्वरूप अब बोडो लोगों के पास सिर्फ 27 फीसदी जमीन है। बोडो जनजाति पर हुए अत्याचारों से व सरकार द्वारा लगातार इनकी उपेक्षा से इस श्रमशील जाति ने निर्धनता, अत्याचार से बेबस होकर हथियार उठाने प्रारंभ कर दिए। शनै:-शनै: स्थिति ऐसी बनी कि असम का मूल निवासी अब कई क्षेत्रों में अल्पसंख्यक हो गया है तथा शरणार्थी व याचक की भाँति गुजर-बसर कर रहा है।

घुसपैठिए इन भोले-भाले जनजातीय लोगों पर बेतरह आतंक, शोषण, लूट व अपराधों के माध्यम से हावी हो गए हैं। असम में जनजातीय समाज के बोडो, खासी, दिमासा आदि जातियाँ अपने समाप्त होते अस्तित्व हेतु संघर्ष कर रही हैं। कुछ वोटों हेतु इन असम सहित पूर्वोत्तर के अन्य राज्यों में तुष्टीकरण की राजनीति में ऐसा विष घोला कि यहाँ का संपूर्ण स्थानीय जाति, समाज व धर्म का स्वाभाविक ढाँचा चरमरा

गया व इन राज्यों से राष्ट्रवाद समाप्त होकर राष्ट्रविरोधी गतिविधियों का तीव्र संचालन होने लगा। यहाँ माओवादी भी सक्रिय हो गए व उन्हें नेपाल तथा बांग्लादेश के साथ ही भारतीय वामपंथ से सहयोग मिलता रहा है। इस परिस्थितियों ने स्थानीय जातियों में घोर असंतोष उपजाया, फलस्वरूप वे उग्रवाद की ओर अग्रसर हो गए। आसपास के देशों, विशेषत: चीन ने इस स्थिति का चतुराई से उपयोग किया, फलस्वरूप भारतीय सरकारों की उदासीनता, उपेक्षा व अनदेखी के चलते जनजातियों के लोगों ने विदेशी सहायता से उग्रवाद का सहारा लिया। इस बाहरी हस्तक्षेप ने स्थिति को और अधिक उलझा दिया।

इधर चुनावी लाभ के चक्कर में असम सहित अन्य पूर्वोत्तर के राज्यों में वैध मुसलिम घुसपैठियों को बसाने की प्रवृत्ति बढ़ती चली गई। उनके राशन कार्ड, वोटर कार्ड और आधार कार्ड विभिन्न प्रकार के अवैध तरीकों से बनवाए गए। आज असम में एक करोड़ से अधिक घुसपैठिए रह रहे हैं। इसके अतिरिक्त लगभग साढ़े तीन करोड़ बांग्लादेशी घुसपैठिए असम की तत्कालीन सरकारों के सहयोग से अपने भारतीय होने के झूठे प्रमाण-पत्र बनवाकर असम के रास्ते पूरे देश में फैल गए हैं। असम के अत्यधिक हिंसा प्रभावित जिलों कोकराझार व चिरांग में बड़ी संख्या में ये अवैध मुसलिम बांग्लादेशी घुसपैठिए परिवार रहते हैं, जिन्होंने षड्यंत्रपूर्वक पूरा स्थानीय सामाजिक ताना-बाना भंग कर दिया है। कारबी, आंगलौंग, खासी, जयंतिया, बोडो, दिमासा एवं 50 से ज्यादा जनजाति के खेत, घर, संपत्तियों व जनजीवन पर इन घुसपैठियों के सतत हमलों ने इन जातियों व स्थानीय जीवन-तंत्र को ध्वस्त कर दिया व तत्कालीन केंद्र और राज्य सरकारें आँखें बंद किए बैठी रहीं।

असम की तत्कालीन गोगोई सरकार ने घुसपैठियों को प्राथमिकता और तुष्ट करने के प्रयास में बोडोलैंड स्वायत्तशासी परिषद् को मात्र 300 करोड़ रुपए की बजट सहायता दी, जबकि हुए समझौते के अनुसार आबादी के अनुपात से उन्हें 1,500 करोड़ रुपए की सहायता मिलनी चाहिए थी। जुलाई 2012 के भयावह दंगों को गोगोई सरकार ने अस्थायी दंगे बताया था! देश आज भी हैरान है और जानना चाहता है कि ये अस्थायी दंगे क्या होते हैं? स्पष्ट है कि जुलाई 2012 के भयानक और विनाशकारी दंगों को लेकर गोगोई सरकार का रुख बेहद लचर और तदर्थतावादी रहा। तब घुसपैठिए बांग्लादेशियों ने बड़े पैमाने पर जनजातीय लोगों की नृशंस हत्याएँ और पाशविक अत्याचार कर ओंताईबाड़ी, गोसाईंगाँव नामक इलाके में बोडो जनजातीय समाज के अत्यंत प्राचीन और प्रतिष्ठित ब्रह्मा मंदिर को जलाकर सामाजिक समरसता और शांति भंग करने का साशय प्रयास किया था; इसकी बोडो समाज में स्वाभाविक तौर पर गुस्साई प्रतिक्रिया होनी ही थी। यद्यपि स्वायत्तशासी क्षेत्र के चार जिलों धुबरी, बोंगाईगाँव, उदालगुड़ी और कोकराझार में

बोडो बड़ी संख्या में हैं तथापि उनसे सटे धुबरी जिले की अधिकांश जनसंख्या बांग्लादेशी मुसलिमों की है। वहाँ कोकराझार की प्रतिक्रिया में हिंदू छात्रों के एक होस्टल को जला दिया गया था और इनकी एक भीड़ ने राजधानी एक्सप्रेस पर हमला कर दिया था। जुलाई 2012 में बांग्लादेशी मुसलिमों की यह हिंसा 400 गाँवों तक फैल चुकी थी और भारत के देशभक्त तथा मूल जनजातीय नागरिक अपने ही देश में विदेशी घुसपैठियों के हमलों से डरकर शरणार्थी बनने पर मजबूर हो गए थे। घोर आश्चर्य ही था कि उधर असम के तत्कालीन मुख्यमंत्री तरुण गोगोई इन भयानकतम दंगों को अस्थायी दंगे या हिंसा बता रहे थे। देश के बुद्धिजीवी दंगों के संबंध में इस नए शब्द या टर्म 'अस्थायी दंगे' का अर्थ तब भी खोज रहे थे और आज भी खोज रहे हैं।

## असम वर्तमान परिदृश्य

अंततः संघ परिवार की नीतियों के अनुरूप बांग्लादेशी घुसपैठियों के संदर्भ में असम की वर्तमान सर्वानंद सरकार ने व केंद्र की नमो सरकार ने अपना राष्ट्रवादी मास्टर प्लान लागू कर दिया है। 22 फरवरी, 2014 को लोस चुनाव के दौरान भाजपा के प्रधानमंत्री पद के प्रत्याशी नरेंद्र मोदी ने असम के सिलचर में कहा था—'बांग्लादेश से दो तरह के लोग भारत में आए हैं। एक शरणार्थी हैं, जबकि दूसरे घुसपैठिए। अगर हमारी सरकार बनती है तो हम बांग्लादेश से आए हिंदू शरणार्थियों को नागरिकता देने के साथ ही घुसपैठियों को यहाँ से बाहर खदेड़ने का भी वादा करते हैं।' भाजपा ने असम में लोकसभा व विधानसभा दोनों चुनावों में 'जाति, माटी, भेटी' यानि जाति, जमीन और अस्तित्व की रक्षा करने के नाम पर वोट माँगे थे।

सत्ता में आने के बाद 19 जुलाई, 2016 को नमो सरकार के गृह मंत्री राजनाथ सिंह ने लोकसभा में 'नागरिकता (संशोधन) विधेयक, 2016' पेश किया। यह विधेयक 1955 के उस 'नागरिकता अधिनियम' में बदलाव के लिए था, जिसके जरिए किसी भी व्यक्ति की भारतीय नागरिकता तय होती है। इस विधेयक में प्रावधान था कि अफगानिस्तान, बांग्लादेश और पकिस्तान से आने वाले हिंदू, सिख, बौद्ध, जैन, पारसी और ईसाई लोगों को 'अवैध प्रवासी' नहीं माना जाएगा।' इसका सीधा सा अर्थ यह था कि इसके जरिए बांग्लादेशी हिंदुओं को भारत की नागरिकता दी जानी थी। अब इस दिशा में ठोस कदम के रूप में NRC यानी नेशनल रजिस्ट्रेशन ऑफ सिटिजन का पहला ड्राफ्ट 31 दिसंबर, 17 की रात सामने आया है। इस ड्राफ्ट में असम के कुल 3.29 करोड़ लोगों में से 1.9 करोड़ लोगों को जगह दी गई और उन्हें कानूनी तौर पर भारत का नागरिक मान लिया गया है। वहीं बचे हुए लोगों का प्रमाणीकरण हो रहा है, जिसके बाद उनका नाम इस

सूची में शामिल किया जाएगा। जो व्यक्ति इस सूची में अपना नाम दर्ज नहीं करवा पाएँगे या उनके पास इसके लिए जरूरी कागजात नहीं होंगे, उन्हें असम का नागरिक नहीं माना जाएगा और उन्हें देश के बाहर जाना पड़ेगा।

1971 में पाकिस्तान के विभाजन के पश्चात् बांग्लादेश अस्तित्व में आया, उसके बाद से ही असम घुसपैठियों के विषय में चर्चित रहने लगा था। असम के रास्ते घुसपैठिए देश में घुसकर देश के प्रत्येक हिस्से में जाकर बसने लगे थे। बांग्लादेश के निर्माण के दौरान बड़े पैमाने पर हिंसा हुई व वहाँ की एक बड़ी आबादी भारत आकर बस गई थी, इसमें हिंदुओं के अलावा मुसलिमों की भी बड़ी आबादी थी। 1971 के इस दौर में लगभग 10 लाख बांग्लादेशी असम में ही बस गए। 1971 के बाद भी बड़े पैमाने पर बांग्लादेशियों का असम में आना जारी रहा। बांग्लादेश के लोगों की बढ़ती जनसंख्या ने असम के स्थानीय लोगों में भाषायी, सांस्कृतिक व सामाजिक असुरक्षा की स्थितियाँ उत्पन्न कर दीं। घुसपैठिए असम में नाना प्रकार से अशांति, अव्यवस्था, अपराध व उत्पात मचाने लगे। 1978 में असम के मांगलोडी लोकसभा क्षेत्र के उपचुनाव के दौरान चुनाव आयोग के ध्यान में आया कि इस चुनाव में वोटरों की संख्या में कई गुना वृद्धि हो गई है। चुनावी गणित व तुष्टीकरण की नीति के चलते सरकार ने 1979 में बड़ी संख्या में अवैध बांग्लादेशियों को भारतीय नागरिक बना लिया।

असम में ऑल असम स्टूडेंट्स यूनियन (आसू) और असम गण संग्राम परिषद् के नेतृत्व में बांग्लादेशी घुसपैठियों पर सरकारी नीति के विरोध में आंदोलन हुआ और असम भड़क गया। आसू व अगप को असम की स्थानीय जनता ने बहुत प्यार व समर्थन दिया। छात्र संगठन आसू ने असम आंदोलन के दौरान ही 18 जनवरी, 1980 को केंद्र सरकार को एक NRC अपडेट करने हेतु ज्ञापन दिया। इस बड़े व हिंसक आंदोलन की परिणति 1985 में असम में राजीव गांधी के साथ 'असम समझौते' के रूप में हुई। 1999 में वाजपेयी सरकार ने इस समझौते की समीक्षा की और 17 नवंबर, 1999 को तय किया गया कि असम समझौते के तहत NRC को अपडेट किया जाना चाहिए। अटलजी की सरकार जाने के बाद 2005 में मनमोहन सरकार भी इस निर्णय पर कायम रही व NRC की समीक्षा हेतु बारपेटा और चायगाँव में पायलट प्रोजेक्ट शुरू किया गया। असम के कुछ संगठनों ने इसका विरोध शुरू कर दिया और वहाँ हिंसा हो गई। असम की तब की गोगोई सरकार इसमें बेतरह विफल रही। इसके बाद असमिया नेता सर्वानंद सोनोवाल ने 2013 में बांग्लादेश के घुसपैठ के मुद्दे को सुप्रीम कोर्ट में उठाया और न्यायालय ने NRC 1951 को अपडेट करने का आदेश दिया, जिसमें 25 मार्च, 1971 से पहले बांग्लादेश से भारत में आनेवाले लोगों को स्थानीय नागरिक माने जाने की बात

कही गई थी और उसके बाद के असम में पहुँचनेवालों को बांग्लादेश वापस भेजने के आदेश दे दिए गए थे। सर्वोच्च न्यायालय के इस निर्णय के बाद ही NRC की समीक्षा व अपडेशन का कार्य प्रारंभ हुआ और 1951 की जनगणना में शामिल अल्पसंख्यकों को राज्य का नागरिक मान लिया गया। 1951 से 25 मार्च, 1971 के बीच असम में आनेवाले बांग्लादेशी शरणार्थियों के पास वैध कागजात नहीं थे। एनआरसी को अपडेट करने के दौरान पंचायतों की ओर से जारी नागरिकता प्रमाण-पत्र को मान्यता नहीं दी जा रही थी। इसके बाद मामला असम हाईकोर्ट में पहुँच गया।

हाई कोर्ट ने लगभग 26 लाख लोगों के पहचान के दस्तावेज अवैध करार दे दिए। इसके बाद मामला एक बार फिर से सुप्रीम कोर्ट में पहुँच गया। असम की सर्वानंद सरकार ने न्यायालय के आदेशानुसार 31 दिसंबर, 2017 को नेशनल रजिस्टर ऑफ सिटिजंस (एनआरसी) का पहला ड्राफ्ट जारी कर दिया, जिसमें असम के कुल 3.29 करोड़ लोगों में से 1.9 करोड़ लोगों को कानूनी तौर पर भारत का नागरिक माना गया। यद्यपि रजिस्ट्रार जनरल ऑफ इंडिया शैलेष ने ड्राफ्ट को जारी करते हुए कहा है कि लोगों को घबराना नहीं चाहिए। इसके बाद और वेरिफिकेशन होगा और ड्राफ्ट भी जारी होगा। सूची जारी होने के बाद असम सरकार के वित्त मंत्री और नागरिकता रजिस्टर के इनचार्ज हेमंत विश्व शर्मा ने कहा कि जिन लोगों का नाम एनआरसी रजिस्टर में नहीं है, उन्हें हर हाल में देश छोड़ना होगा। अब यदि सब कुछ ठीक-ठीक व प्रधानमंत्री मोदी व मुख्यमंत्री सर्वानंद सोनोवाल के अनुसार चला तो शीघ्र ही देश से अवैध घुसपैठिए बाहर हो जाएँगे व देश एक बड़ी समस्या से मुक्ति पा सकेगा।

❑

# देश में मुसलिम तुष्टीकरण के इतिहास और जनसंख्या असंतुलन के वर्तमान में संबंध

विश्व के सुप्रसिद्ध कूटनीतिज्ञ, राजनयिक, शासक व ब्रिटेन के पूर्व प्रधानमंत्री विंस्टन चर्चिल ने कहा था—"इतिहास पढ़िए, इतिहास पढ़िए। इतिहास में ही राज्य चलाने के सारे रहस्य छिपे हैं।"

यदि हम हिंदू-मुसलिम समुदाय के पिछले लगभग 1300 वर्षों के इतिहास को देखें तो हमें एक अतीव रक्तरंजित, छल-कपट से भरा हुआ, लूट, बलात्कार, धर्मांतरण, बलात् कब्जे व हिंदू संस्कृति को जीर्ण-शीर्ण करने से लेकर नष्ट-भ्रष्ट करने के प्रयासों से पटा हुआ इतिहास दृष्टिगोचर होता है। मध्यकाल में जब मुसलिम आक्रमणकारी आक्रांता के रूप में उत्तर भारत के रास्ते आए, तब से ही उन्होंने हिंदू धर्म के विरुद्ध अपना संघर्ष घोषित कर दिया था। मुहम्मद बिन कासिम के नेतृत्व में अरबों ने 712 ईसवी में सिंध पर आक्रमण कर कब्जा कर लिया और हिंदू राजा दाहिर मारा गया। राजा की मृत्यु के बाद रानी और दूसरी औरतों ने अपने सम्मान की रक्षा के लिए जौहर कर लिया। 17 वर्ष से ज्यादा के जिन पुरुषों ने इसलाम स्वीकार करने से इनकार किया, वे मौत के घाट उतार दिए गए; इस प्रकार धर्मांतरण की एक बड़ी घटना ने जन्म लिया, जिससे आगे के वर्षों में मुसलिम आक्रांताओं को बड़ा आत्मविश्वास व साहस मिला।

बाद के सभी हिंदू राजाओं व मुसलिम आक्रांताओं के मध्य होनेवाले युद्धों में, मुसलिमों की विजय होने पर विजेता मुसलिमों ने गैर-मुसलिमों को रौंदा, पराजितों को भयानक अपमानपूर्ण संहार सहना पड़ा, इन युद्धों के अंत में हिंदू धर्म स्थानों को मुसलिम धर्म स्थान में बदल देने की, बलात् धर्मांतरण की काररवाई अवश्य होती थी। भारत का मध्यकालीन इतिहास मुसलिमों द्वारा पाशविक हत्याओं, मार-काट, लूटपाट, जबरन धर्म-परिवर्तन, भारतीय संस्कृति के जबरन विनाश, हिंदू धर्म-स्थलों को मिटाने व उस स्थान पर मसजिदें बनाने जैसी अनेक घटनाओं से भरा पड़ा है। भारत में जनसंख्या असंतुलन के साशय, कुटिल प्रयास 1,300 वर्षों के इतिहास के साथ आज देश में अपने चरम पर पहुँच गए हैं।

भारत के संदर्भ में यह कहा जा सकता है कि यदि भारत की सबसे बड़ी व संवेदनशील समस्या 'जनसंख्या' को समझना है तो हमें इतिहास अवश्य पढ़ना होगा— विशेषत: 'भारत में तुष्टीकरण का इतिहास'। यदि हम भारत में जनसंख्या की चर्चा करें तो जनसंख्या असंतुलन की चर्चा आवश्यक हो जाती है और जनसंख्या असंतुलन की चर्चा करें तो भारतीय राजनीति के सबसे घृणित शब्द तुष्टीकरण की चर्चा आवश्यक हो जाती है। यहाँ आवश्यक हो जाता है कि हम इस तुष्टीकरण शब्द को भलीभाँति समझ लें। तुष्टीकरण के विषय में बाबा साहेब अंबेडकर ने कहा था—"कुछ वर्ग मौके का फायदा लेकर अपने स्वार्थ के लिए अवैधानिक मार्ग अपनाते हैं। शासन इस संबंध में उनकी सहायता करता है, इसे ही अल्पसंख्यक तुष्टीकरण कहते हैं।" बाबासाहेब साहब तुष्टीकरण को सदैव राष्ट्रविरोधी मानते थे। भारत के स्वातंत्र्योत्तर सात दशकों में से पाँच से अधिक दशक तक शासन करनेवाली कांग्रेस और कांग्रेस पार्टी को एक घरेलू कंपनी की तरह चलानेवाले गांधी परिवार ने भारत में मुसलिम तुष्टीकरण का जो काला अध्याय लिख डाला है, वह आनेवाले कई दशकों तक भारत को अपने दुष्परिणामों का दंश देता रहेगा। कांग्रेस की मुसलिमों के प्रति अतीव सहानुभूति व मौके-बेमौके नरम रवैये के पीछे प्रारंभिक कारण मोहनदास करमचंद गांधी ही रहे। बापू की मुसलिमों के संदर्भ में अतिरिक्त नरमी बरतने, मुसलिमों के प्रति दृष्टि बदलने या मुसलिमों का तुष्टीकरण करने के पीछे का कारण एक कथित घटना को माना जाता है।

हुआ यह कि 1908 में दक्षिण अफ्रीका में ब्रिटिश सरकार ने वहाँ रहने वाले भारतीयों पर 3 पौंड का टेक्स लगाया, इसे लेकर गांधीजी ने ब्रिटिश सरकार का विरोध किया, जिसे मुसलमानों ने सहयोग नहीं दिया, तब गांधीजी ने इस विषय पर मुसलिमों को साथ न देने हेतु कोसा व इसकी जबरदस्त आलोचना की। गांधीजी ने एक सामूहिक कार्यक्रम में इसलाम पर कड़ी बात भी कही, जिससे अफ्रीका में बसे मुसलमान क्रुब्ध हो उठे। अफ्रीकी मुसलिम समुदाय ने 10 फरवरी, 1908 को मीर आलम नामक पठान के नेतृत्व में कुछ मुसलिमों ने गांधीजी की बेरहमी से पिटाई कर दी, और जान से मार डालने की धमकी भी दी। बाबासाहेब ने भी स्वीकार किया कि इस घटना के बाद ही गांधीजी में बड़ा मनोवैज्ञानिक परिवर्तन आया व उन्होंने मुसलिमों के प्रति कुछ भी कहना-सुनना बंद कर दिया, साथ ही मुसलिमों की सभी गलतियों के प्रति अनदेखी का व्यवहार करते रहे। गांधी और गांधी के प्रभाव में कांग्रेस की 'मुसलिम तुष्टीकरण' की नींव स्वतंत्रता आंदोलन के प्रारंभिक दिनों में ही पड़ गई थी। इसकी शुरुआत गांधीजी के उस समर्थन से हुई थी, जब उन्होंने 1920 में पूरे मन से सुदूर तुर्की में 'खिलाफत' की बहाली का समर्थन किया था। तुष्टीकरण की यह प्रक्रिया तीसरे और चौथे दशक में

भी अबाधित रूप से जारी रही और 1947 में भारत के बँटवारे व पाकिस्तान के निर्माण के साथ शिखर पर पहुँची। अपने निर्माण के साथ ही पाकिस्तान वैश्विक आतंकवाद के केंद्र के रूप में उभरा, जिसका मुख्य निशाना 'शेष' भारत को बनाया गया।

सन् 1926 में आर्य समाज के संत पूज्य श्रद्धानंद स्वामीजी की निर्मम हत्या अब्दुल रशीद नामक व्यक्ति ने कर दी थी। श्रद्धानंद स्वामी आर्य समाज के प्रचारक थे और धर्मांतरित हिंदुओं की घर वापसी हेतु अभियान चला रहे थे। श्रद्धानंदजी की हत्या में अब्दुल रशीद की संलिप्तता सिद्ध हो चुकी थी, तब गांधीजी ने गुवाहाटी में कांग्रेस की एक कॉन्फ्रेंस में इस सम्बंध में कहा—भाई रशीद का जुर्म मैं नहीं मानता, बल्कि नफरत फैलानेवाले ही इसके जिम्मेदार हैं, अर्थात् गांधी ने स्वामीजी को ही दोषी ठहरा दिया। स्वामी श्रद्धानंद के हत्यारे रशीद का न्यायालय में मामला चला तो कांग्रेसी नेता आसफ अली ने उसकी वकालत की थी। गांधी ने तब कहा था—"मैं रशीद को स्वामीजी की हत्या का अपराधी नहीं मानता, अपराधी वास्तव में वे हैं, जो समाज में घृणा के बीज बोते हैं।" जबकि मुसलिम समुदाय इतने पर भी गांधी को बेतरह कोसता था तथा उनकी आलोचना करता था। अलीगढ़ में 1924 में मोहम्मद अली ने अपने भाषण में कहा, "गांधीजी का चरित्र कितना भी पवित्र क्यों न हो, मजहब के लिहाज से मेरी नजर में हर मुसलमान, चाहे उसका चरित्र कितना भी गिरा हुआ क्यों न हो, गांधी से ऊँचा है।" गांधीजी के मुसलिम तुष्टीकरण की अनेक घटनाओं में से श्रद्धानंदजी की हत्या की घटना को केवल एक प्रतिनिधि घटना माना जा सकता है।

गांधीजी की यही मुसलिम तुष्टीकरण की प्रवृत्ति बाद में देश के विभाजन का भी कारण बनी। मुसलिम लीग द्वारा 1940 में पृथक् राष्ट्र की माँग पर गांधीजी ने सार्वजनिक रूप से यह कह दिया था कि—"हम एक संयुक्त परिवार में रह रहे हैं और अन्य नागरिकों की तरह मुसलिम को भी अलग होकर रहने का अधिकार है।" गांधीजी ने 'हरिजन' पत्र में 18 अप्रैल, 1942 को लिखा था—"अगर इस देश के अधिकांश मुसलिम यह सोचते हैं कि एक अलग देश जरूरी है और उनकी हिंदुओं से कोई समानता नहीं है तो दुनिया की कोई शक्ति उनके विचार नहीं बदल सकती और इस कारण वे नए देश की माँग रखते हैं तो उसे माना जाना चाहिए।" यहीं से देश में मुसलिम तुष्टीकरण व जनसंख्या असंतुलन की पीड़ादायक कथा ने बड़ा आकार लेना प्रारंभ कर दिया था। 12 जून, 1947 को जब कांग्रेस एक बैठक में बँटवारे के मुद्दे पर मंथन कर रही थी, तब पुरुषोत्तम दास टंडन, गोविंद वल्लभ पंत, चैतराम गिडवानी ने बँटवारे का घोर विरोध किया, तब गांधीजी ने सारे वक्ताओं को अनसुना कर 45 मिनट का भाषण दिया और कहा कि अगर कांग्रेस ने बँटवारे को स्वीकार नहीं किया तो कुछ

और लोग (संकेत सुभाष चंद्र बोस की ओर था) कांग्रेस को महत्त्वहीन बना देंगे। इस प्रकार गांधीजी पाकिस्तान के अप्रत्यक्ष समर्थन में आ गए, जिसके बाद वल्लभ भाई भी मजबूरन मौन हो गए। गांधीजी व कांग्रेस की मुसलिम तुष्टीकरण की नीति बँटवारे पर आकर थमी नहीं और बाद में तो और अधिक वेग से चलती रही। बँटवारे के समय 23 प्रतिशत मुसलिम जनसंख्या को देश की 32 प्रतिशत भूमि पाकिस्तान बनाने के लिए देने जैसा अदूरदर्शी व तुष्टीकरण वाला निर्णय लिया गया। बँटवारे के बाद शीघ्रतिशीघ्र जनसंख्या विनिमय एक्सचेंज का कार्य किया जाना था, जिस कार्य को अतीव लापरवाहीपूर्वक हिंदू विरोधी काररवाई बना दिया गया।

पाकिस्तान को दी गई भूमि पर बसे सिख, सिंधी, पंजाबी व अन्य हिंदू समुदाय के लोगों को तो बलात् अपनी पूरी संपत्ति से वंचित कर अत्याचार पूर्ण तरीके से भारत की ओर खदेड़ा गया, किंतु भारत में बसे मुसलिमों के प्रति कांग्रेस ने अपना अतीव मोह, प्रेम व लाड़ प्रदर्शित किया, फलस्वरूप भारत से नगण्य संख्या में मुसलिम पाकिस्तान गए। जो भारतीय मुसलिम पाकिस्तान गए भी, वे वहाँ जाकर मुजाहिर अर्थात् दोयम दर्जे के नागरिक कहलाए, जबकि कांग्रेस की तुष्टीकरण की नीति के चलते भारत में मुसलिम कांग्रेस व गांधीजी के प्रिय नागरिक के रूप में सुविधाएँ व प्राथमिकताएँ पाते रहे। गांधीजी जो स्वतंत्रता आंदोलन के प्रारंभिक दिनों में वंदे मातरम् को संवेदना, राष्ट्रभक्ति, राष्ट्रजागरण हेतु सर्वाधिक उपयुक्त गीत बताकर उसे राष्ट्रगान बनाना चाहते थे, वे मुसलिमों के दबाव में आकर वंदे मातरम् के विरुद्ध खड़े हो गए और इसे राष्ट्रगान नहीं बनने दिया। खैर, यह एक अलग विषय है और इस जैसी अनेक पक्षपाती कहानियाँ इतिहास में लिखित-अलिखित रूप में जीवित हैं। कांग्रेस व गांधीजी ने देश का विभाजन बिना किसी तैयारी, योजना के तो स्वीकार किया ही, उसके बाद मुसलिम प्रेम ने इस बँटवारे को हिंदू बंधुओं की एक बड़ी भारी जनसंख्या के लिए बर्बर नरसंहार, लाखों बलात्कार, करोड़ों-करोड़ की संपत्ति लूट, हत्याओं की अंतहीन शृंखला का एक पीड़ादायक अध्याय बना दिया। उस समय गांधीजी भारत की राष्ट्रवादी जनता के श्रद्धेय व आदरणीय नेता हुआ करते थे, उनका कथन रूप में यह वाक्य कि 'देश का विभाजन मेरी लाश पर होगा' और क्रियान्वयन रूप में यह घृणित कार्य कि 'देश का विभाजन उन्होंने स्वीकार कर लिया', देश की हिंदू जनसंख्या को हजार वर्ष पीछे धकेल ले गया।

हिंदू समुदाय को तिहरी मार झेलनी पड़ी—एक, जिन्ना द्वारा मुसलिमों के मानस में यह बात बैठा दी गई थी, हमें पाकिस्तान मिलेगा ही, अत: विभाजन हेतु वे योजनापूर्वक तैयार थे। उन्होंने अपनी संपत्तियों को योजनापूर्वक जमा लिया था। दो, हिंदू समुदाय गांधीजी में अगाध श्रद्धा व विश्वास रखता था, अत: वह गांधीजी के 'उनकी

लाश पर विभाजन होगा' जैसे आत्मविश्वासी कथन पर विश्वास करके विभाजन हेतु कतई तैयार नहीं था, फलस्वरूप वह अपनी पीढ़ियों की कमाई संपत्तियों को खो बैठे। तीसरे, विभाजन के बाद मुसलिम जनसंख्या को पाकिस्तान भेजना तो दूर, उसे भारत में रहने हेतु गांधी व कांग्रेस द्वारा प्रोत्साहित करना देश में सैकड़ों वर्षों के लिए एक विकराल समस्या को जन्म दे गया। कांग्रेस की सत्ता की भूख, अनियोजित शीघ्रता व दूरदृष्टि के अभाव ने स्वतंत्रता की तय तिथि से लगभग एक वर्ष पूर्व ही विभाजन के साथ सत्ता स्वीकार कर ली और अंबेडकरजी ने एक मुसलिम राष्ट्र व एक हिंदू राष्ट्र की अवधारणा को षड्यंत्रपूर्वक अनदेखा कर दिया। यदि उस समय बाबासाहेब की बात को सुन लिया गया होता और वल्लभभाई की योजनानुसार सब कुछ चला होता तो सिद्धांततः भारत को मुसलिम विहीन हो जाना चाहिए था। विभाजन योजनापूर्वक हुआ होता तो देश के हिंदू मुसलिमों द्वारा किए एक बड़े बर्बर, जघन्य व जंगली नरसंहार, बलात्कार, लूट व संपत्तियों पर अवैध कब्जे से बच जाते। ऐसा नहीं था कि सबकुछ अचानक या आकस्मिक हो रहा था, यह षड्यंत्र तो दशकों से चल रहा था। वस्तुतः मुसलिम जगत् का इतिहास ही यह रहा है कि नई जगह पर जाकर रहो, फिर जहाँ रहो, वहाँ अपनी संख्या बढ़ाओ और फिर वहाँ कब्जा करके मूल निवासियों को बेदखल कर दो। यही क्रम भारत में स्वतंत्रता के पूर्व भी चला और अब भी चल रहा है। जिन्ना व अन्य मुसलिम नेता प्रारंभ से कहते रहे कि कांग्रेस एक हिंदू बहुल संस्था है, इसे मुसलिमों के संबंध में बात रखने या करने का कोई अधिकार नहीं है।

इस संदर्भ में देश को यह जान लेना चाहिए कि इस संवेदनशील कालखंड में कांग्रेस का यह रुख रहा कि उसने स्वयं के हिंदू संस्था होने से इनकार किया व हिंदुओं के हितों को दृढ़तापूर्वक रखने के कार्य से यह साशय बचती रही। इस क्रम में जहाँ कांग्रेस के नेता व प्रथम प्रधानमंत्री जवाहर लाल नेहरू ने कहा, "मैं दुर्घटनावश हिंदू हूँ", वहीं गांधी परिवार की मानसिकता को आगे बढ़ाते हुए कांग्रेसी प्रधानमंत्री मनमोहन सिंह ने कहा, "देश के संसाधनों पर पहला अधिकार अल्पसंख्यकों का है।" कांग्रेस ने यदि इस दौर में देश की हिंदू जनसंख्या का दृढ़ प्रतिनिधित्व किया होता तो भारत स्वयं के साथ विश्व के भूगोल में भी परिवर्तनकारी राष्ट्र सिद्ध होता। मुसलिम तुष्टीकरण की पराकाष्ठा तब हो गई, जब 10 मई, 1947 को गांधीजी ने जिन्ना और मुसलिम लीग को यह प्रस्तावित कर दिया कि वे कांग्रेस को सम्मिलित किए बिना स्वयमेव ही स्वाधीन भारत की सत्ता के सूत्र अपने हाथों में ले सकते हैं। भारत में जनसंख्या असंतुलन व तुष्टीकरण के इतिहास में एक और बड़ी घटना कश्मीर विलय को माना जा सकता है, जिसके पीछे नेहरू, नेहरू के अभिन्न मित्र शेख अब्दुल्ला व

माउंटबेटन की पत्नी व जवाहर लाल नेहरू की मित्र एडविना की योजना थी। एक अन्य महत्त्वपूर्ण घटना के रूप में 'खिलाफत आंदोलन' को भी माना जाता है। अंबेडकरजी ने इसके संदर्भ में लिखा है—"मुसलमानों द्वारा 1919 में प्रारंभ किए गए खिलाफत आंदोलन को गांधीजी ने इतनी दृढ़ता, उत्साह व प्रतिबद्धता के साथ आगे बढ़ाया था कि स्वयं मुसलिम समुदाय भी आश्चर्यचकित रह गया था। वह लोकोक्ति सार्थक हो रही थी कि 'चाय से अधिक केतली गरम हो गई थी'। इस कालखंड में हिंदू बंधुओं को दोहरा अत्याचार भुगतना पड़ता था, एक ओर वे मुसलिमों के षड्यंत्रों का शिकार हुए और दूसरी ओर उनका कोई सरपरस्त, हितचिंतक नहीं था। गांधी व कांग्रेस मुसलिम तुष्टीकरण हेतु हिंदुओं पर होते अत्याचारों, लूट, बलात्कारों व नरसंहार की सार्वजनिक आलोचना तक नहीं करती थी।

इस क्रम में गांधी व कांग्रेस ने स्वामी श्रद्धानंद और लाला नानकचंद जैसे प्रतिष्ठित हिंदू नेताओं की हत्या की भी भर्त्सना नहीं की और मुसलिम आतताइयों के हौसले बढ़ते चले गए। परिणामस्वरूप देश में हिंदुओं पर अकल्पनीय अत्याचार हुए। मालाबार में मोपलों द्वारा हिंदुओं पर की गई जघन्य आततायी व पाशविक घटनाओं का वर्णन सभ्य शब्दों में वर्णित नहीं किया जा सकता। लाखों हिंदुओं को धर्मांतरण के लिए बलात् ठेला गया। जो हिंदू धर्मांतरित नहीं हुए, उनके सामूहिक जघन्य हत्याकांड, लूट व बलात्कार किए गए। लाखों लोगों को चल-अचल संपत्ति से वंचित कर उन्हें उनके घरों से खदेड़ दिया गया। खिलाफत आंदोलन के नेताओं ने मलाबार के आततायी मोपलों के हिंदुओं पर अत्याचारों, लूट व नरसंहार को धर्मयुद्ध का नाम दिया, उनकी इन पाशविक घटनाओं को वीरता कहा और इस पर मोपलों को बधाई के प्रस्ताव पारित किए गए। गांधीजी ने तब मोपलों की प्रशंसा करके तुष्टीकरण की पराकाष्ठा को भी लज्जित कर दिया था। वस्तुतः मुसलिमों की इस संपूर्ण मानसिकता के पीछे उनकी संपूर्ण भारत के ऊपर कब्जा जमाने व इस राष्ट्र को मुसलिम राष्ट्र बनाने का अधूरा मुगल स्वप्न कार्य कर रहा था। उन्हें लगता था कि अंग्रेजों ने मुसलिम शासकों से ही सत्ता कब्जाई थी, अतः अंग्रेजों के जाने पर सत्ता मुसलिमों के हाथों में ही केंद्रित होनी चाहिए। मुसलिम पक्ष को बढ़ाते हुए कांग्रेस नेता एफ.के. खान दुर्रानी ने लिखा था—"हम अपने पूर्वजों के खून से बेवफा नहीं हो सकते। पूरा भारत हमारी बपौती है और उसे फिर से इसलाम के झंडे तले लाना है।" 1928 में प्रकाशित घोषणा पत्र में ख्वाजा हसन आजमी ने कहा, "मुसलिम समुदाय हिंदू से पूर्णतः अलग है, हिंदुओं के साथ उसकी एकता असंभव है। हिंदू दुनिया में एक दुर्बल कौम है, वे आपसी झगड़ों से नहीं निबट पाएँगे, अतः उन पर शासन करना ही मुसलिमों का एकमात्र कार्य व हिंदुओं की नियति है।"

बंगाल के मुसलिम समाचार-पत्र 'असरे-जदीद' ने मुसलमानों को हिंदुओं पर अपनी हजारों साल की सत्ता का स्मरण कराते हुए, काफिरों पर पुनः शासन करने व इन्हें गुलाम या मुसलिम बना लेने का सार्वजनिक आह्वान किया था। कोलकाता के मुसलिम समाचार-पत्र 'फारवर्ड' ने 28 अप्रैल, 1926 के अंक में लिखा—"कोलकाता के मुसलमानों को एक मुसलमान की जान के बदले सैकड़ों 'काफिरों' की जान लेनी चाहिए। जहाँ कहीं कोई मारवाड़ी, बंगाली या पहाड़ी हिंदू मिले, उसे कत्ल कर डालो। जितनी शक्ति हो, हिंदुओं को मारते जाओ।" इन वहशी बातों के बाद भी गांधी व कांग्रेस विभाजन के प्रति व हिंदुओं के भविष्य के प्रति गंभीर नहीं हो रहे थे। इस दौर के पूर्व लाला लाजपत राय ने श्री चितरंजन दास को एक पत्र में लिखा था—"मैंने अपने पिछले 6 महीनों का अधिकांश समय मुसलिम इतिहास और मुसलिम कानून के अध्ययन में व्यतीत किया है और मेरा मानना है कि हिंदू-मुसलिम एकता न तो संभव है और न व्यावहारिक, क्योंकि मुसलमान इसलाम की अवहेलना नहीं कर सकता और इसलाम मुसलिम से इतर शेष मनुष्य को काफिर मानता है।"

बाबासाहेब ने मुसलिम प्रवृत्तियों के अध्ययन के पश्चात् लिखा—"जो बात स्पष्ट दिखती है, वह यह है कि मुसलमानों ने राजनीति में गुंडागर्दी का तरीका अपना लिया है। इनके द्वारा कराए गए दंगे पर्याप्त संकेत हैं कि राजनीति में गुंडागर्दी उनकी रणनीति का निश्चित अंग बन गई है।" महान् विचारक, तत्त्वज्ञानी श्रीअरविंद ने 4 अप्रैल, 1923 को अपने भाषण में शिष्यों से कहा, "मुझे खेद है, उन्होंने हिंदू-मुसलिम एकता का तमाशा बना दिया है। अब तथ्यों की उपेक्षा करने का कोई लाभ नहीं है। एक-न-एक दिन हिंदुओं को मुसलमानों के साथ लड़ना पड़ सकता है और इसके लिए हिंदुओं को पूरी तरह से तैयार रहना चाहिए।" हिंदू-मुसलिम एकता का अर्थ हिंदुओं की अवमानना नहीं है। सर्वोत्तम समाधान है कि हिंदुओं को अपना संगठन करने दो।" इतने विपरीत वातावरण में भी हिंदू महासभा ने वीर सावरकर व डॉ. श्यामाप्रसाद मुखर्जी के नेतृत्व में विभाजन के विरुद्ध आंदोलन को आगे बढ़ाया। सरदार संत सिंह ने 11 अप्रैल, 1946 को लंदन में एक सभा में घोषणा की—"यदि अंग्रेजों ने भारत की जनता पर पाकिस्तान थोपने का प्रयत्न किया तो क्रांति हो जाएगी।"

किंतु हिंदू महासभा व सावरकरजी के प्रयासों की गांधी व कांग्रेस ने षड्यंत्रपूर्वक भ्रूण हत्या कर दी थी।

### सीधी काररवाई की घोषणा

कोलकाता के तत्कालीन महापौर एस.एम. उस्मान ने अगस्त 1946 में कोलकाता

में सोहरावर्दी का एक भाषण कार्यक्रम आयोजित कराया, अपने इस भाषण में सोहारावर्दी ने कहा कहा कि यह रमजान का महीना है और अब मुसलिम लीग 'सीधी-काररवाई' चाहती है। उसने आगे कहा कि लीग सीधी काररवाई की घोषणा रमजान में इसलिए कर रही है, रमजान में ही पैगंबर ने मक्का फतह की थी और अरब में इसलाम स्थापित हुआ था। इसी कार्यक्रम हेतु छपे परचों में कहा गया था कि जिहाद के लिए हर मसजिद में नमाज के बाद एक दुआ करने को कहा गया था। इस दुआ की इबारत में लिखा गया था—"ऐ खुदा, हमें काफिरों के ऊपर फतह बख्शो। हमें हिंदुस्तान में इसलाम की हुकूमत कायम करने की ताकत दो।" इस 'सीधी काररवाई' के एक परचे में एक चित्र में, जिन्ना के हाथ में तलवार दिखाते हुए कहा गया था—"इसलाम की तलवार आसमान पर चमकती रहनी चाहिए, ओ काफिरो, तुम्हारा अंत दूर नहीं है और तुम्हारा कत्ले-आम होनेवाला है।" जिन्ना का यह सीधी काररवाई का कट्टर आह्वान अपने साथ हिंदुओं हेतु नरसंहार, लूट, बलात्कार व बेघर हो जाने के अंतहीन संत्रास को साथ लेकर आया। 4 दिन तक कोलकाता व पूरा बंगाल जलता रहा, मुसलिमों ने हिंदुओं पर राक्षसी अत्याचार और हत्याएँ की। लगभग 4,000 से ऊपर हिंदुओं की हत्या की गई और 10,000 घायल हुए। चौबीस परगना में भी 2,500 लूट-अग्निकांड और विध्वंस की घटनाएँ घटित हुईं। इस सीधी काररवाई के तहत मुसलिमों ने कार्नवालिस रोड के राधा कृष्ण मंदिर और कॉलिज स्ट्रीट के शीतला मंदिर जलाकर भस्म कर दिए थे। बंगाल के ही नोआखाली तिपेरा में 29 अगस्त, 1946 का ईद के दिन हिंदुओं की हत्याओं के लिए सदैव दुखद स्मरण का दिन रहेगा। इसके बाद सितंबर 1946 में पीर गुलाम सरवर के नेतृत्व में हिंदुओं की संपत्ति और दुकानें खुलेआम लूट ली गईं। मंदिरों को जला दिया गया और हिंदुओं को भयभीत करके उनका बड़ी संख्या में धर्मांतरण किया गया। यह तथ्य इतिहास में लिखित है कि इस समय गांधीजी की उपस्थिति में तत्कालीन श्रम-मंत्री मनोरंजन चौधरी ने सभा में बताया था कि मुसलिमों की इस सीधी काररवाई में हिंदुओं के 18,000 घर अग्नि में झौंक दिए गए व 60,000 घर दंगों में लूट लिये गए। 5,000 से ऊपर हिंदू मारे गए और हजारों परिवारों का धर्मांतरण हुआ तथा लाखों को बंगाल से पलायन करना पड़ा।

इस संपूर्ण घटनाक्रम में कांग्रेस का कोई नेता बंगाल में न तो प्रतिरोध करने पहुँचा और न ही बाद में हिंदुओं के घावों पर मरहम लगाने हेतु पहुँचा। दूसरी ओर जब बिहार में मुसलिमों की सीधी काररवाई के नाम से किए जा रहे दमन व हत्या अभियान का प्रतिरोध किया गया, तब पुलिस ने हिंदुओं पर तुरंत काररवाई की और नेहरू पटना व मुंगेर भागे-भागे गए तथा हिंदुओं को लताड़ा व हतोत्साहित किया। तीर पर तुर्रा यहाँ

तक चढ़ा कि गांधीजी ने हिंदुओं से अपील की कि वे शिविरों में मुसलिम मोहल्लों में जाकर मुसलमानों की मदद करें। इस हेतु हिंदुओं से धन एकत्र करवाया गया। इतिहास गवाह है कि मुसलिमों के इतने अत्याचार सहकर भी हिंदुओं ने गांधी के आह्वान पर मुसलिमों की मदद हेतु अपने गहने व संपत्ति तक दान में दी थी। लेकिन इतना होने पर भी मुसलिम लीग ने 'सीधी काररवाई' बंद नहीं की और तमाम कूटनीति का उपयोग कर स्थिति को अपनी मुट्ठी में बनाए रखा। इस प्रकार की अनेक आततायी व हिंदू विध्वंस की घटनाओं के साये में 15 अगस्त, 1947 को भारत स्वतंत्र हो गया और धर्म के नाम पर देश का विभाजन स्वीकार कर लिया गया, किंतु धर्म के आधार पर जनसंख्या की अदला-बदली में करोड़ों मुसलिम भारत में ही रह गए। देश का विभाजन तो धर्म के नाम पर हो गया, किंतु आज तक उस अल्पसंख्यक समस्या का समाधान नहीं हुआ, जिसके कारण विभाजन किया गया था। 1947 में विभाजन के समय मुसलिम लीग ने पाकिस्तान को एक इसलामी राज्य घोषित किया, लेकिन लाला लाजपत राय के स्वप्नों व वीर सावरकर जैसे दृष्टाओं के बार-बार आग्रह पर भी खंडित हिंदुस्तान को हिंदू राज्य घोषित करना अस्वीकार कर दिया गया। नेहरूजी ने 1947 को अपने एक भाषण में अदूरदर्शिता व धृष्टतापूर्वक कह दिया—"जब तक शासन की बागडोर मेरे हाथ में है, भारत कभी हिंदू राज्य नहीं बन सकता।"

विंस्टन चर्चिल ने कहा था, "एक तुष्टिकर्ता वह है, जो मगरमच्छ को भोजन देता है और यह उम्मीद करता है कि वह उसे एक दिन नहीं निगल लेगा।" मुसलिम कट्टरपंथियों के साथ नरम रवैये के भारतीय अनुभवों पर यह एक पूर्णतया उचित कथन है और अब तक यही कथा भारत में अनवरत कही जा रही है। भारत के साथ यही हुआ।

### गांधीजी का अंतिम अनशन : भारत में मुसलिम जनसंख्या असंतुलन का आधार

अपने जीवन के अंतिम दिनों में 13 से 18 जनवरी के अपने दिल्ली के अंतिम उपवास में तो गांधीजी ने मुसलिम तुष्टीकरण की सब सीमाएँ ही ध्वस्त कर दी थीं। वस्तुतः गांधीजी ने यदि यह अनशन नहीं किया होता, मुसलिमों को पाकिस्तान जाने से व भारत में रोकने की जिद न की होती तो आज भारत में जनसांख्यिकीय आँकड़े कुछ और होते। पूरा देश व देश के सभी बड़े नेता गांधीजी से विरोध के बाद भी उनके प्राणों की आहुति हो जाने के भय से चुप रह गए। पूरे देश की जनता भी यही चाहती थी कि धर्म के नाम पर हुआ देश का बँटवारा इसी आधार पर पूर्ण भी हो, किंतु गांधीजी ने सबको अपने अनशन से चुप ही नहीं कराया, बल्कि उनसे समर्पण भी करवा लिया। सरदार पटेल इस उपवास से बड़े दुखी थे, उन्होंने अंदरखाने कहा, "सरकार कानून

व्यवस्था से परेशान है और यहाँ बापू ने बिना सलाह-मशवरे के ही उपवास प्रारंभ कर दिया।" गांधीजी के पुत्र देवदास ने जब स्वतंत्र भारत में होनेवाले उनके इस अनशन के विषय में गांधीजी से पूछा कि क्या यह अनशन मुसलमानों के लिए है और हिंदुओं के विरुद्ध है ? तो गांधीजी ने बेधड़क उत्तर दिया था—"हाँ, यह अनशन मुसलमानों के लिए है और हिंदुओं के सम्मुख है।" स्वतंत्र भारत में किए गए इस उपवास के लिए जब गांधीजी पर सार्वजनिक आरोप लगे कि वे मुसलिमों का पक्ष लेने हेतु उपवास कर रहे हैं, तब गांधीजी ने स्वयं उत्तर दिया था—"इसमें कोई शक नहीं कि मेरा उपवास मुसलिमों के लिए ही है।" उन्होंने अपनी बात को और अधिक स्पष्ट करते हुए यह भी कहा था—"यह उपवास न केवल मुसलिमों के पक्ष में अपितु यह उपवास हिंदुओं व सिखों के विरुद्ध भी है।" गांधीजी ने अपने भाषण में कहा था कि यह उपवास अल्पसंख्यकों की रक्षा के लिए किया जानेवाला उपवास है। जब भारत में पाकिस्तान से हिंदुओं की लाशों से भरी हुई रेलगाड़ियाँ आ रही थीं और चहुँओर मुसलमान हिंदुओं की मार-काट मचा दे रहे थे, तब उपवास समाप्त होने के बाद 19 जनवरी की प्रार्थना सभा में गांधीजी ने कहा, "भारत में ऐसे हालात बनने चाहिए कि मुसलमानों का हर स्थान पर स्वागत हो व उनके प्रति हममें आदरपूर्वक स्वीकार्यता का भाव हो।" गांधीजी ने कहा, "मैं तो कहूँगा कि चाहे पाकिस्तान में सभी हिंदू-सिख मार-काट डाले जाएँ, तो भी भारत में एक नन्हा-सा मुसलिम का बच्च भी सुरक्षित रहना चाहिए। गांधीजी आगे बोले कि पाकिस्तान में चाहे हिंदुओं के साथ कितनी भी मार-काट हो, भारत अपने फर्ज से न चूके और सुहरावर्दी जैसे गुंडों के सरदार भी भारत में आजादी से घूम फिर सकें। जब गांधीजी का उपवास चार पाँच दिन का हो गया और पूरा देश उनके प्राणों के संकट से चिंतित व आशंकित हो उठा तो देश के सभी वरिष्ठ नेताओं ने उन्हें व्रत त्यागने हेतु मनाया, तब उन्होंने इस हेतु नेताओं के समक्ष 7 शर्तें रखी, उनमें से 5 शर्तें इस प्रकार थीं—

1. महरौली स्थित कुतुबुद्दीन बख्तियार की मजार सुरक्षित रहनी चाहिए और मुसलमानों को वहाँ आने-जाने में कोई खतरा नहीं होना चाहिए। वहाँ पूर्ववत् उर्स लगेगा और हिंदू समाज मुसलमानों की सुरक्षा की गारंटी दे।
2. दिल्ली के करोलबाग, सब्जी मंडी, पहाड़गंज में मुसलिम स्वतंत्रता से आ जा सकें।
3. पाकिस्तान से जो मुसलिम भारत आकर बसना चाहें, वे निडर होकर यहाँ वापस आकर बस सकें।
4. हिंदुओं द्वारा मुसलमान दुकानदारों का बहिष्कार न हो।

5. दिल्ली के जिन क्षेत्रों में मुसलमान रहते हैं, उन क्षेत्रों में हिंदुओं के बसने के प्रश्न को मुसलमानों की मर्जी पर छोड़ दिया जाए, अर्थात् मुसलिम चाहें तो हिंदुओं को बसने देंगे अन्यथा खदेड़ देंगे।

आश्चर्य होता है कि इतने बड़े, वरिष्ठ, अनुभवी व सार्वजनिक जीवन के सभी उतार चढ़ावों को देख चुके व मुसलमान नेताओं द्वारा बड़े-बड़े धोखे खाने के बाद भी गांधीजी ने इस प्रकार की आत्मघाती शर्तों व अनशन में आत्महत्या की धमकी से देश को जबरन हाथ बाँधे खड़े होने व शर्मनाक समर्पण करने को मजबूर कर दिया! तब कांग्रेस के नेताओं ने गांधीजी की इन शर्तों को मानकर उनका उपवास तुड़वाया, इन शर्तों को माना जा रहा है या नहीं, यह देखने हेतु कांग्रेस ने एक निगरानी समिति भी बनाई थी। इस घटना के बाद पूरे देश में मुसलिमों के बसे रहने का उत्साहवर्धक वातावरण बन गया। हिंदू समुदाय स्वयं को ठगा हुआ व लुटा हुआ आभासित कर रहा था। उधर पाकिस्तान से हिंदुओं की कटी हुई, शवों के बलात्कार की हुई नुची हुई लाशों के ढेर आ रहे थे, तब इधर हिंदू-मुसलिमों के स्वागत व उनकी रक्षा के कार्य में लगा था! यह वो समय था, जब देश अपना भविष्य, अपना स्वाभिमान और अपना वर्तमान अपने हाथों से जलाने को मजबूर हो गया था। कारण एकमात्र था—कांग्रेस और गांधीजी का मुसलिम तुष्टीकरण!

## जनसंख्या असंतुलन को बढ़ानेवाले तुष्टीकरण के वर्तमान उदाहरण

जनवरी 2004 और मार्च 2007 के बीच जम्मू-कश्मीर, पूर्वोत्तर भारत और वामपंथी आतंकवादी हिंसक घटनाओं में कुल 3,647 निरपराध लोग मारे गए। पिछले एक दशक में भारत में 53,000 से ज्यादा लोग आतंकवादी हिंसा के शिकार हुए, जिसमें अधिकांश हिंदू हैं, जबकि कारगिल समेत सभी युद्धों में महज 8,023 लोग मारे गए।

टाइम्स ऑफ इंडिया की जाँच-पड़ताल (अगस्त 2007 में प्रकाशित) में पता चलता है कि अधिकांश जिहादी वारदातों में चाहे कितने ही बड़े पैमाने पर हिंसा क्यों न हुई हो और चाहे कितनी ही संपत्ति क्यों न नष्ट हुई हो—मामले दर्ज नहीं किए गए। अधिकांश मामलों की जाँच किसी-न-किसी बहाने से रोक दी गई, क्योंकि खोज के सूत्र किसी खास समुदाय की ओर संकेत कर रहे थे। ये वर्तमान भारत में तुष्टीकरण के ज्वलंत उदाहरण हैं। हैदराबाद के लुंबिनी पार्क विस्फोट के तीन महीने पहले ठीक इसी तरह का विस्फोट मक्का मसजिद में हुआ था, अभी तक इसकी जाँच-पड़ताल एक इंच भी आगे नहीं बढ़ी। इसमें जैसा कि आडवाणीजी ने संसद् में (मानसून सत्र 2007) उल्लेख किया था, तीन संदेहास्पद व्यक्तियों को गिरफ्तार किया गया था, बाद

में उन्हें छोड़ दिया गया, वह इसलिए नहीं कि वे बेगुनाह थे, बल्कि ऐसा करने के लिए राजनैतिक दबाव पड़ा। अर्थशास्त्री विवेक राय ने उल्लेख किया कि हैदराबाद के विस्फोट से महज कुछ दिन पहले इसलामिक चरमपंथी गुट एआईएमआईएम ने, जिसके पास महज एक संसद् सदस्य एवं चार विधानसभा सदस्य हैं, ने मक्का मसजिद विस्फोट की जाँच तथा आतंकवादियों के खिलाफ आतंक निरोधी दस्ते के कठोर रवैये की निंदा की थी। तत्पश्चात् जाँच सी.बी.आई. के हवाले कर दी गई।

टाइम्स ऑफ इंडिया की खोजबीन से यह भी पता चला कि जाँच का एक हिस्सा ही सी.बी.आई. को सौंपा गया था, पूरी घटना की जाँच नहीं, अतः जाँच आगे नहीं बढ़ सकी और परिणामस्वरूप संपूर्ण जाँच ठंडी पड़ गई। यह भी उल्लेखनीय है कि गृह मंत्री शिवराज पाटिल उन पर लगे इन आरोपों का उत्तर देने में असफल रहे कि मक्का मसजिद मामले में संदेहास्पद राजनैतिक कारणों से छोड़े गए थे। न तो इस मामले में और न ही मालेगाँव विस्फोट के मामले में तथा न ही मुंबई ट्रेन धमाके के अभियुक्तों की गिरफ्तारी या शिनाख्ती अभी तक हो सकी है। इन सभी मामलों में जाँच की सुई मुसलिम समुदाय वाले इलाकों की ओर संकेत करती है, स्पष्ट है कि वोटबैंक के कारण वे आधिकारिक निगरानी से पूर्णतया सुरक्षित हैं कि उनके बीच कौन से संदेहास्पद व्यक्ति आते-जाते हैं।

टाइम्स ऑफ इंडिया अपने संपादकीय में कहता है कि आतंकवादियों के प्रति भारत की कमजोर व ढुलमुल प्रतिक्रिया ही भारत में अधिकांश आतंकी घटनाओं का प्रमुख कारण है और वास्तव में यही तुष्टीकरण नीति के स्वाभाविक परिणाम हैं। भारत में पिछली मनमोहन सरकार के दौरान 'पोटा' जैसे कठोर आतंकविरोधी कानून की माँग हेतु दीर्घ समय तक इनकार करते रहे और जैसा कि सभी जानते हैं कि पोटा को यूपीए सरकार ने सत्ता में आते ही रद्द कर दिया था। उनकी प्रतिक्रिया थी कि इस तरह का कानून राक्षसी कानून होगा। टाइम्स ऑफ इंडिया ने लोकतांत्रिक देशों की एक सूची दी थी, जिन्होंने कठोर आतंक विरोधी कानूनों का निर्माण किया है, जिसके जरिए जाँच अधिकारी संदेहास्पद व्यक्तियों की धर-पकड़, उनके ठिकाने की जाँच और साइबर आधारित प्रमाणों को हासिल करते हैं। अधिकांश मामलों में आतंकी गतिविधियों की सजा आजीवन कारावास से कम नहीं होती, वह भी इसलिए कि अधिकांश यूरोपियन देशों ने मौत की सजा रद्द कर दी है। टाइम्स ऑफ इंडिया ने इस प्रकार के कानून की भारत में अनुसंशा करते हुए आगे अनेक बातें कही थीं, किंतु खेद कि इस जैसी किसी भी बात पर दस वर्षीय सोनिया नियंत्रित मनमोहन सरकार ने कभी ध्यान नहीं दिया। गोधरा, उ.प्र. की इखलाक वाली घटना, मुंबई की आजाद पार्क की घटना, कसाब को

वर्षों तक जेल में बिरयानी खिलाना, चेतन गुप्ता की हत्या जैसी सैकड़ों कथित सेकुलरी घटनाओं ने देश के मानस को झकझोरकर रख दिया है। ऐसा नहीं है कि इन घटनाओं की बहुसंख्यक हिंदू समुदाय प्रतिक्रिया नहीं देता। प्रतिक्रिया होती है, कभी दृश्य तो कभी अदृश्य होती है, किंतु इतना निश्चित है कि इन हिंदू प्रतिक्रियाओं पर स्वतंत्रता पूर्व व पश्चात् में हावी हो गई तुष्टीकरण की नीति सदैव हावी रहती है। समय आ गया है कि साक्षात् व आभासी जिस भी स्तर पर तुष्टीकरण की नीति दिखाई दे, उसे जड़ से समाप्त किया जाए।

❑

# जन्म-दर की हिंदू मुसलिम प्रवृत्तियाँ

किसी भी देश की जनसंख्या तीन प्रक्रियाओं के माध्यम से बदल सकती है—प्रजनन, मृत्यु और प्रवास। प्रजनन में शामिल है महिला के बच्चों की संख्या और प्रजनन क्षमता (एक महिला की जनन क्षमता) के साथ तुलना। मृत्यु-दर कारणों, परिणामों का अध्ययन है और जनसंख्या के सदस्यों की होनेवाली मृत्यु की प्रक्रिया को प्रभावित करने का मापन है। प्रवास से तात्पर्य लोगों के उस स्थानांतरण से है, जब वे पूर्व-परिभाषित, राजनीतिक सीमा के आर-पार, एक मूल स्थान से किसी गंतव्य स्थान पर जाते हैं। इसका सबसे ज्वलंत उदाहरण बांग्लादेशी घुसपैठिए व रोहिंग्या घुसपैठिए हैं। प्रवास के शोधकर्ता उन अंतरणों को तब तक 'प्रवास' नहीं मानते हैं, जब तक कि वे कुछ हद तक स्थायी न हों। हालाँकि, प्रवास का अध्ययन करनेवाले जनसांख्यिकी विद्वान् आम तौर पर निवासस्थान के जनगणना आँकड़ों के माध्यम से ऐसा करते हैं, आँकड़ों के अप्रत्यक्ष स्रोत जैसे, टैक्स फॉर्म और श्रम शक्ति के सर्वेक्षण भी महत्त्वपूर्ण हैं।

कुछ लोग जनसंख्या वृद्धि को केवल चिंता का कारण नहीं मानते, बल्कि इसमें राष्ट्रीय लाभ देखते हैं। जनसंख्या विज्ञान में इस प्रवृत्ति को जनसांख्यिकीय लाभांश (Population Divident) कहा जाता है। भारत में भी कुछ लोग जनसंख्या वृद्धि को एक अतिरिक्त लाभ के कारण के रूप में देखते हैं, किंतु अतिशीघ्र ही इस सिद्धांत को माननेवाले लोग इस बात की स्वीकारोक्ति देने लगे हैं कि जनसंख्या वृद्धि की वर्तमान दर भारत की आर्थिक स्थिति, संसाधनों व सामाजिक दृष्टिकोण से उचित नहीं है। जनसांख्यिकीय लाभांश में सामान्य रूप में 20 से 30 साल की आयु वर्ग की जनसंख्या का समूह होता है। यह समूह सबसे अधिक कार्यशील माना जाता है, निस्संदेह यह आयु वर्ग सर्वाधिक कार्यशील व उत्पादक होता भी है। यद्यपि युवा जनसंख्या की दृष्टि से भारत आज विश्व का सर्वाधिक युवा राष्ट्र माना जा रहा है तथा यह तथ्य भारत को अनेक दृष्टिकोणों से लाभप्रद स्थिति में ला खड़ा करता है, तथापि दीर्घकालीन दृष्टि से इस तथ्य को भी अब हानिप्रद ही माना जाने लगा है। यह माना जा रहा है कि भारत अब इस जनसांख्यिकीय लाभांश के चरण में प्रवेश कर चुका है, यह लाभांश लगभग

2045 तक जारी रहेगा और तब तक भारत जनसंख्या-वृद्धि की स्थिर दर को प्राप्त कर लेगा। किंतु इसके बाद का दौर भारत के लिए उतना ही चिंताजनक होगा, जितना कि आज चीन व जापान के लिए है। एक अवधि के पश्चात् यह वयोवृद्ध भारतीय समाज अनुत्पादक स्थिति में आकर देश को चिंता की स्थिति में ला खड़ा करेगा। चीन वर्तमान में इस दौर में है।

मई, 2016 में जारी जनसंख्या सर्वेक्षण के आँकड़े बताते हैं कि भारत ने जनसंख्या-वृद्धि की यह दर लगभग-लगभग प्राप्त कर ली है। जब जनसंख्या वृद्धि की दर 2.1 प्रति हजार पर आ जाती है, तब किसी भी देश की जनसंख्या उसी आँकड़े पर स्थिर हो जाती है। नवीनतम जारी आँकड़ों के अनुसार भारत की सन् 2013 में प्रजनन दर 2.3 रही है। अधिकांश विकसित देशों में यह प्रजनन दर (Total Fertility Rate-TFR) 2.1 है। भारत की 2.3 की यह TFR तब है, जबकि यहाँ बाल मृत्यु दर बहुत अधिक है। अर्थात् हमने स्थिर TFR दर पहले ही प्राप्त कर ली है। भारत के ग्रामीण क्षेत्र की TFR 2.5 है, जबकि शहरी क्षेत्रों की 1.8, जो ब्रिटेन एवं अमेरिका की दर से थोड़ा ही कम है, चूँकि भारत का शहरीकरण तेजी से हो रहा है, इसलिए कुल TFR दर में अगले 20 वर्षों में निश्चित ही तेजी से गिरावट आएगी। दक्षिणी भारत में तो प्रजनन दर काफी समय से कम ही रही है, किंतु महत्त्वपूर्ण बात यह है कि अब उत्तर भारत में भी यह दर तेजी से कम हो रही है। उत्तर प्रदेश में यह दर 3.1 तथा बिहार में 3.5 है। पश्चिम बंगाल में TFR की दर सबसे कम 1.6 है। सर्वे में बताया गया है कि उच्च शिक्षित वर्ग में प्रजनन दर तेजी से गिर रही है, किंतु गिरती हुई प्रजनन दर का अर्थ यह नहीं है कि भारत की जनसंख्या में वृद्धि होनी तुरंत रुक जाएगी। यह तथ्य भी महत्त्वपूर्ण है कि आगामी 25 वर्षों में कम होती हुई मृत्यु दर जनसंख्या वृद्धि को बनाए रखेगी।

प्रजनन दर की वर्तमान परिवर्तित प्रवृत्ति का प्रभाव यह पड़ रहा है कि देश को बहुत सी प्राथमिकताएँ परिवर्तित करनी पड़ेंगी। अब सरकार की सामाजिक नीति का जोर जनसंख्या नियंत्रण की बजाय बाल मृत्यु दर पर होना चाहिए। पेंशन नीति पर भी विचार किया जाना चाहिए, क्योंकि भविष्य में युवा जनसंख्या में वृद्धि की तुलना में वृद्धों की जनसंख्या में तेजी से वृद्धि होगी। जनसंख्या के इस नए स्वरूप के अनुसार शिक्षा, स्वास्थ्य तथा अन्य सेवाओं का निर्धारण किया जाना चाहिए। यद्यपि जनसंख्या के स्वरूप में परिवर्तन धीरे-धीरे ही होगा, लेकिन एक स्वरूप ग्रहण कर लेने या आकार ले लेने के पश्चात् यह अत्यंत शक्तिशाली हो जाता है। हमारे समक्ष चीन और जापान इसके ज्वलंत उदाहरण हैं। भारत की प्रजनन दर में आ रही यह गिरावट कोई अनोखी नहीं है। अर्थव्यवस्था जब किसी एक निश्चित स्तर पर पहुँचती है, तो अकसर यह प्रवृत्ति देखने

को मिलती है। अनेक यूरोपीय देशों तथा ब्राजील, चीन एवं रूस में तो यह दर स्थिर जनसंख्या की दर से भी कम चली गई है।

देश की जनसंख्या के संदर्भ में लोग अब चिंतित हैं। सरकार से लेकर विभिन्न संगठन व आम नागरिक तक सभी इस संदर्भ में विचारमग्न हैं। इस संपूर्ण परिप्रेक्ष्य में यह बात बड़ी ही विचारणीय है कि देश का मुसलिम समाज इस संदर्भ शेष राष्ट्र के विमर्श के साथ एक मत तो नहीं ही है, बल्कि अपने स्तर पर खड़े होकर वह इस संपूर्ण जनसंख्या चिंतन को अपने विरुद्ध एक अभियान मानता है। बात केवल यहाँ आकर ही समाप्त नहीं हो रही है और मुसलिम समाज इस पूरे राष्ट्रीय जनसंख्या विमर्श के विपरीत जाकर आचरण को व्यक्त कर रहा है। यह विपरीत आचरण मुसलिम जनसंख्या वृद्धि दर में स्पष्टत: उभरकर दिख रहा है। इसका ही परिणाम है कि वर्ष 2050 तक भारत दुनिया में सबसे ज्यादा मुसलिम आबादी वाला देश बन जाएगा। इसके अलावा इस सदी के अंत तक इसलाम को मानने वालों की संख्या दुनिया में सबसे ज्यादा होगी। आँकड़ों के विश्लेषण के लिए चर्चित एक अमेरिकी संस्था प्यू रिसर्च सेंटर (पी.आर.सी.) की एक ताजा सर्वेक्षण के पश्चात् यह बात कही गई है। सबसे ज्यादा मुसलिम आबादी वाले देशों की सूची में भारत अभी इंडोनेशिया के बाद दूसरे नंबर पर है। प्यू रिसर्च ने मुसलिम समुदाय की जनसंख्या बढ़ने के दो प्रमुख कारण गिनाए हैं—पहला यह है कि उसकी जनसंख्या वृद्धि दर बाकी धर्मों के लोगों से ज्यादा है। वैश्विक स्तर पर देखें तो समुदाय में प्रति महिला जनन दर 3.1 है, जबकि बाकी धर्मों में यह आँकड़ा 2.3 है। मुसलिम समुदाय की आबादी बढ़ने का दूसरा कारण उसकी आबादी का अपेक्षाकृत युवा होना है। 2010 में मुसलमानों की औसत उम्र महज 23 साल थी, जबकि गैर-मुसलमानों की 30 साल। सबसे ज्यादा प्रजनन-दर और सबसे ज्यादा युवा आबादी के कारण मुसलमानों की आबादी तेजी से बढ़ सकती है।

वर्ष 2010 में आई इंडियन इंस्टीट्यूट ऑफ पापुलेशन स्टडीज (आई.आई.पी.एस.) का एक सर्वेक्षण परिणाम भी ध्यान देने योग्य है। इसमें कहा गया है कि 1961 में कुल जनसंख्या में हिंदुओं का हिस्सा 83.5 प्रतिशत था। 2011 के सामाजिक-आर्थिक जनगणना के आँकड़े बताते हैं कि उस साल तक यह आँकड़ा 79.8 प्रतिशत हो गया था। यह 3.7 प्रतिशत की गिरावट है; इसके विपरीत 1961 में कुल जनसंख्या में मुसलमानों का हिस्सा 10.7 प्रतिशत था, जो 2001 में 2.7 प्रतिशत की वृद्धि के साथ 13.4 प्रतिशत हो गया। 2011 के आँकड़े बताते हैं कि भारत की कुल आबादी में मुसलिम समुदाय की हिस्सेदारी 14.2 प्रतिशत हो गई है। सर्वेक्षण बताते हैं कि 2030 तक भारत में मुसलमानों की जनसंख्या 23.6 करोड़ हो जाएगी, जबकि 2010 में यह 17.7 करोड़ थी। वर्ष 2014

में समाप्त हो चुके योजना आयोग ने कुछ समय पहले देश को एक रिपोर्ट में बताया था कि 2050 तक भारत की जनसंख्या एक अरब 63 करोड़ तक पहुँच सकती है।

जनसंख्या वृद्धि इस पर निर्भर करती है कि एक महिला अपने जीवनकाल में कितने बच्चों को जन्म देती है। इस संदर्भ में एक समाज के औसत आँकड़े को विशेषज्ञ कुल प्रजनन-दर या टोटल फर्टिलिटी रेट (टी.एफ.आर.) से परिभाषित करते हैं। अगर एक महिला अपने जीवनकाल में दो संतानों को जन्म देती है तो इसका मतलब यह है कि माता-पिता की मौत के बाद ये संतानें उनकी जगह लेंगी। यानी प्रजनन-दर अगर दो है तो यह आबादी के स्थिर होने का संकेत है। हालाँकि थोड़ी सी छूट लेते हुए आबादी की स्थिरता के लिए यह आँकड़ा 2.1 माना जाता है।

राष्ट्रीय परिवार स्वास्थ्य सर्वेक्षण (एन.एफ.एच.एस.) के आँकड़े भी इस बात को वजन देते हैं। प्रथम एन.एफ.एच.एस. 1991-92 में हुआ था, द्वितीय 1998-99 में व तृतीय 2005-06 में। 1991-92 में हिंदू महिलाओं की प्रजनन-दर 3.3 दर्ज की गई थी, जबकि मुसलिम महिलाओं के लिए यह आँकड़ा था 4.41। इसके बाद 1998-99 में हिंदुओं के लिए यह दर 2.78 और मुसलमानों के लिए 3.59 दर्ज हुई। 2005-06 में यह क्रमशः 2.59 और 3.4 हो गई, किंतु आँकड़े बताते दर हैं कि मुसलिम समाज इन आँकड़ों से कही अधिक प्रजनन-दर की प्रवृत्ति को सतत अपनाए हुए है। इस आँकड़े को दूसरी तरह से भी देखा जा सकता है। 1998-99 में जहाँ एक हजार हिंदू महिलाओं ने 278 बच्चों को जन्म दिया था, वहीं 2005-06 में यह आँकड़ा 19 कम, यानी 259 हो गया, किंतु इस कालावधि में यह तथ्य प्रकट हुआ कि मुसलमान महिलाएँ हिंदू महिलाओं से औसतन लगभग एक संतान अधिक जन्म दे रही हैं।

❑

# लिंगायत—जैन, सिक्ख, बौद्ध के बाद एक नया हिंदू विभाजन

भारत में हिंदू को अल्पसंख्यक बनाने के षड्यंत्रपूर्वक प्रयास पिछले कई दशकों से चल रहे हैं। प्रत्यक्ष-अप्रत्यक्ष चलनेवाले इन षड्यंत्रों को कई रूपों में अलग-अलग प्रकार से चलाया जाता है। मुसलिम व ईसाई जनसंख्या को विभिन्न माध्यमों से बढ़ाने के अतिरिक्त एक और तरीका अपनाया गया है। हिंदुओं को देश में अल्पसंख्यक बनाने का और वह है हिंदुओं के विभिन्न समुदायों को अलग धर्म का दर्जा देना। कानूनी तौर पर सिख समाज को अलग धर्म का दर्जा देना, जैन समाज को अलग करके उन्हें अल्पसंख्यक मानना और अब कर्नाटक के लिंगायत समुदाय को अल्पसंख्यक होने का झुनझुना पकड़ाना, इस जनसांख्यिकीय षड्यंत्र का ही एक हिस्सा है। वह तो भला हो सिख समाज व जैन समाज का, जिसे अलग कानूनी मान्यता मिलने के बाद भी इन दोनों समुदायों ने हिंदू समुदाय से स्वयं को कभी अलग नहीं समझा तथा न ही हिंदुओं में भी इन दोनों समुदायों के प्रति अलग समझने की प्रवृत्ति विकसित हुई। देश के सभी राज्यों में बड़ी संख्या निवास करनेवाले सिख व जैन समुदाय स्वयं को हिंदू समुदाय से अलग नहीं मानते हैं, किंतु इस देश में जो षड्यंत्रपूर्वक कानूनी प्रबंध किए गए हैं, वे यह विभेदकारी व्यवस्था देते हैं कि ये दोनों समुदाय स्वयं को दूसरों से पृथक् मानें।

देश में भीतर-ही-भीतर वामपंथियों, कम्युनिस्टों, कांग्रेसियों व तथाकथित सेकुलरों ने भारत के बहुसंख्यक हिंदू समाज को बाँटने का कोई अवसर नहीं छोड़ा। समय-समय पर इस हेतु को पूरा करने के लिए समाज में विभिन्न विभाजक रेखाएँ जान-बूझकर बनाई जाती हैं। हमें अपनों के ही विरुद्ध खड़ा किया जाता है और हम हो भी जाते हैं।

कर्नाटक में बहुतायत से निवास करनेवाले लिंगायत समुदाय को अल्पसंख्यक समुदाय के मिलनेवाले लाभों का लालच देकर अलग धर्म का दर्जा देना देश को बाँटने व हिंदू को अल्पसंख्यक करने का एक और ज्वलंत उदाहरण है। मई, 18 में होनेवाले विधानसभा चुनावों के दृष्टिगत केवल चुनावी लाभ को सिद्ध करने के लिए कर्नाटक की सिद्धारमैया नेतृत्व वाली कांग्रेसी सरकार ने एक और घृणित चाल चल दी है। यद्यपि

इस विषय पर, राज्य सरकार से आए प्रस्ताव पर निर्णय लेने का अधिकार केंद्र सरकार के पास रहता है। केंद्र की नरेंद्र मोदी सरकार ने व भाजपा के राष्ट्रीय अध्यक्ष अमित शाह ने इस विषय पर अपना कड़ा, स्पष्ट व चुनावी हार-जीत की तात्कालिक दृष्टि से ऊपर उठा हुआ निर्णय दे दिया है। अमित शाह ने स्पष्ट कहा है कि केंद्र की भाजपा सरकार लिंगायतों को अलग धर्म का दर्जा देकर उन्हें हिंदू धर्म से अलग करने के षड्यंत्र को सफल नहीं होने देगी। अमित शाह के इस निर्णय से आगामी विधानसभा चुनावों में भाजपा के समक्ष कड़ी चुनौती उपस्थित हो सकती है, किंतु हिंदू धर्म के लिए यह एक मील का पत्थर निर्णय सिद्ध होगा। 3000 मठों की संख्या वाला यह प्रभावशाली लिंगायत समुदाय कर्नाटक के अतिरिक्त महाराष्ट्र, तमिलनाडु, आंध्र प्रदेश व तेलंगाना में भी बड़ी संख्या में निवास करता है। यदि चुनावी लाभ को सिद्ध करने हेतु केंद्र की भाजपा सरकार लिंगायतों को अलग धर्म का मान लेती तो भविष्य में इन राज्यों में भी वैसी ही माँग जोर पकड़ती व अन्य समुदायों में भी स्वयं को अलग धर्म का मनवाने की होड़ चल पड़ती।

कर्नाटक की 6 करोड़ जनसंख्या में कम-से-कम 20 प्रतिशत संख्या वाले लिंगायत समुदाय में दो वर्ग हैं—एक लिंगायत और दूसरे वीर शैव। दोनों अन्य पिछड़ा वर्ग की श्रेणी में आते हैं तथा इन्हें सरकारी नौकरियों में 15 प्रतिशत आरक्षण मिला हुआ है। ये शिव के उपासक यानी शैव हैं, इसलिए इन्हें लिंगायत भी कहा जाता है। 1881 में अंग्रेजों ने लिंगायतों को हिंदुओं से अलग करने की चाल चली थी, जिसे अब कांग्रेस पूर्ण करने का प्रयत्न कर रही है। 12वीं सदी में इस समुदाय में एक महान् समाज-सुधारक संत वासवराज या वस्वन्ना ने सामाजिक कुरीतियों के विरुद्ध जनजागरण किया था। कालांतर में उनको अपना गुरु माननेवाले अपने आपको वीर शैव या वीर शैव लिंगायत कहने लगे।

उल्लेखनीय है कि विभिन्न कारणों से कांग्रेस से मुँह फेर लेनेवाले लिंगायत समुदाय के कारण ही 2008 में पहली बार इस दक्षिणी राज्य में भाजपा की सरकार बनी और इस समुदाय के बड़े नेता बी.एस. येदुरप्पा राज्य के मुख्यमंत्री बने। अब कांग्रेस की दृष्टि इस बात पर ही केंद्रित है कि यदि लिंगायत समुदाय ने भाजपा के मुख्यमंत्री पद के घोषित प्रत्याशी येदुरप्पा के नेतृत्व को इकतरफा मतदान कर दिया तो कर्नाटक में पुनः भाजपा सरकार बन जाएगी।

कर्नाटक विधानसभा में इस समय लिंगायत समुदाय के 54 विधायक हैं। कर्नाटक की 100 विधानसभा सीटों पर प्रभावशाली संख्या वाले इस समुदाय के साथ ही इस समुदाय के मतदाता लगभग 100 विधानसभा सीटों पर निर्णायक भूमिका निभाने की स्थिति में हैं। राजनैतिक अवसरवाद के सधे हुए खिलाड़ी, सत्ता हेतु दल-बदल करने वाले व सिद्धांतहीन कर्नाटक के कांग्रेसी मुख्यमंत्री सिद्धारमैया ने केवल भाजपा से

लिंगायतों को दूर करने हेतु यह धर्म-विभाजक खेल खेला है। भाजपा पर सांप्रदायिक व वर्गविशेष की राजनीति करने के आरोप लगाने वाली कांग्रेस व संतों को सदा कोसने, संतों का अपमान करनेवाली व मठों-आश्रमों से दूरी बनाए रखनेवाली कांग्रेस ने यहाँ तक तुष्टीकरण करते हुए चुनावी खेल खेला कि ऐन चुनाव के पूर्व सभी शासकीय कार्यालयों में संत वासवराजजी का चित्र लगाना भी अनिवार्य कर दिया। हिंदू धर्मावलंबियों को परस्पर विभाजित करने हेतु कर्नाटक की कांग्रेसी सरकार ने पिछले महीनों में वीर शैव बंधुओं का एक सम्मेलन आयोजित कराया, जिसमें लिंगायतों को गैरहिंदू और अल्पसंख्यक घोषित करने का एक प्रस्ताव पारित कर सरकार को दिया गया। कुछ ही समय बाद लिंगायत महासभा से भी राजनैतिक चालें चलकर ऐसी ही माँग कर डाली। आसन्न चुनावों के दृष्टिगत मुख्यमंत्री ने तुरंत सेवानिवृत्त न्यायाधीश श्री नाग मोहन दास की अध्यक्षता में विशेषज्ञ समिति का गठन किया, जब इस समिति ने इस काम के लिए कम-से-कम छह माह का समय माँगा, पर उसे दो माह में अपनी रिपोर्ट देने को कहा गया। समिति ने अपनी रिपोर्ट मार्च, 18 के पहले सप्ताह में सरकार को सौंप दी। आनन-फानन में गठित समिति व आपाधापी में बनी, इस समिति की रिपोर्ट पर मंत्रिमंडल की दो बैठकों में कहने मात्र को विचार-विमर्श हुआ। मंत्रिमंडल में दो लिंगायत मंत्रियों ने इसका विरोध किया, किंतु उनके विरोध के बाद भी समिति की अनुसंशा मान ली गई, जिसमें दोनों लिंगायत समुदायों को गैर-हिंदू और अल्पसंख्यक मान लिया गया और इस प्रकार हिंदू धर्म पर एक और कुठाराघात कर दिया गया। वह तो भला हो देश के कानून व संविधान का, कि किसी समुदाय या जाति का दर्जा बदलने का अधिकार केवल केंद्र के पास है, इसलिए कर्नाटक सरकार ने अपनी अनुशंसा केंद्र की मोदी सरकार को भेज दी। इस संदर्भ में मोदी सरकार ने बड़ा ही श्रेयस्कर, दीर्घकालीन व दुस्साहसी निर्णय लिया व चुनावी लाभ हानि से ऊपर उठकर कह दिया कि शिव पूजक लिंगायतों को हिंदू धर्म से अलग का नहीं माना जा सकता है।

स्वाभाविक है कि इस प्रकार के सुविधापूर्ण, लॉलीपाप भरे निर्णयों से अन्य समुदायों में अल्पसंख्यक का दर्जा प्राप्त कर शासकीय सुविधाओं व आरक्षण का लाभ पाने का मोह बढ़ जाता है। कांग्रेस इसी मोह को हिंदू धर्मावलंबियों में बढ़ाना चाहती है। कांग्रेस की यह दुराशयी चाल सफल हुई व अब कर्नाटक सरकार के सामने एक और समुदाय ने अपनी माँग रखी है। राज्य के कोडवा समुदाय ने अल्पसंख्यक दर्जा दिए जाने की माँग की है। कोडवा समुदाय को कूर्ग भी कहा जाता है। इस समुदाय के दो प्रतिनिधियों एम.एम. बंसी और विजय मुथप्पा ने राज्य सरकार को एक ज्ञापन भेजकर अलग धर्म का दर्जा दिए जाने की माँग की है। राज्य के अल्पसंख्यक विभाग ने इस ज्ञापन को

कर्नाटक के अल्पसंख्यक आयोग को भेजा है। सूत्रों के मुताबिक, आयोग ने इस माँग को स्थगित कर दिया है। महाराष्ट्र में भी लिंगायतों को हिंदुओं से अलग करने का षड्यंत्र प्रारंभ हो गया है। औरंगाबाद जिले में ऑल इंडिया लिंगायत को-ऑर्डिनेशन कमेटी ने स्वयं को अल्पसंख्यक घोषित किए जाने की माँग के साथ-साथ जुलूस निकाला और प्रदर्शन किया।

यदि हिंदुओं को धर्म आधारित या समुदाय के आधार पर इस विभाजित करने की तुष्टीकरण की नीति यदि देश में तनिक भी और आगे बढ़ी तो निश्चित ही कानूनी स्तर पर स्वयं को हिंदू माननेवाला समाज अत्यंत क्षीणतर आकार में दिखाई पड़ने लगेगा।

❑

# विभिन्न समुदायों में शिक्षा, विवाह, प्रजनन व तलाक की प्रवृत्ति

एक राष्ट्र के रूप में भारत की सबसे बड़ी आवश्यकता यही है कि इसके नागरिक शिक्षित हों तथा अपनी क्षमता भर राष्ट्र-विकास में अपना योगदान करें। भारत में यह देखा जा रहा है कि यहाँ के नागरिकों में एक बड़ा वर्ग राष्ट्र के दायित्वों का संवाहक नहीं, अपितु वह स्वयं बोझ बन गया है, क्योंकि वह अशिक्षित है। यदि शिक्षा की दृष्टि से समुदाय व धर्म आधारित अध्ययन किया जाए तो हमें पता चलता है कि भारत में शिक्षा के मामले में जैन समुदाय के लोग सर्वाधिक अग्रणी हैं तो मुसलिम सबसे पीछे। 2011 की जनसंख्या के आँकड़े बताते हैं कि देश में स्नातक (ग्रैजुएशन) तक शिक्षा प्राप्त करनेवाले लोगों का औसत करीब छह फीसदी है, मुसलिम समुदाय के लोगों का औसत इसका करीब आधा है, जबकि जैन समुदाय के लगभग 25 प्रतिशत से ज्यादा लोग ग्रैजुएशन या इससे ऊपर की शिक्षा ग्रहण कर चुके हैं। तकनीकी शिक्षा के मामले में ईसाई समुदाय सबसे आगे है। इस समुदाय के 2.2 प्रतिशत लोग डिप्लोमा होल्डर हैं तो इसके बाद आनेवाले सिख समुदाय के केवल 0.8 प्रतिशत लोगों के पास डिप्लोमा है। यह तथ्य भी सामने आया है कि अब तक दूसरे समुदायों से पीछे रहे मुसलिमों और बौद्धों में पढ़नेवालों की संख्या सबसे तेज गति से बढ़ रही है। 2001 से 2011 के मध्य मुसलिमों में 60 प्रतिशत की तेजी से ग्रैजुएट बढ़े हैं। वहीं सामान्य मान्यता के विपरीत हिंदुओं में यह तेजी 55 प्रतिशत है। सबसे तीव्र शैक्षणिक विकास नव बौद्धों में देखने को मिली है, इनमें 74 प्रतिशत की तेजी से ग्रैजुएट बढ़ रहे हैं। संपूर्ण देश में ग्रैजुएट होने की दर 54 प्रतिशत है। तकनीकी शिक्षा के मामले में देश की शिक्षा-दर 68 प्रतिशत है, मुसलिमों में यह तेजी 81 प्रतिशत है।

तलाक के विषय में भी सामाजिक अध्ययन यह बताते हैं कि मुसलिम व ईसाई समुदाय के लोगों में तलाक लेने की दर सर्वाधिक है। इनकी अपेक्षा हिंदू, जैन और बौद्ध समुदाय में तलाक काफी कम होते हैं। यह बात हाल में जारी एक जनगणना रिपोर्ट में कही गई है, जो 2011 में धार्मिक समुदाय और सेक्स पर आधारित वैवाहिक स्थिति को

लेकर किया गया था। मुसलिम समुदाय में तलाक लेने की दर 2.5 व्यक्ति प्रति 1000 विवाहित हैं, जबकि ईसाई समुदाय में यह दर 3.7 है। यह तथ्य भी उभरकर आया कि राजस्थान में हिंदुओं की तलाक दर राष्ट्रीय औसत से कम है। प्रदेश में जहाँ यह दर 1.4 है, वहीं राष्ट्रीय औसत 1.8 है। प्रदेश में 2.92 करोड़ शादीशुदा हिंदू हैं, 23 लाख विधवा हैं, 1.18 लाख सेपरेटेड हैं और 31,196 तलाकशुदा हैं। मुसलिमों की बात करें तो इस समुदाय के 27 लाख शादीशुदा लोग हैं, 1.76 लाख विधवा हैं, 9,981 सेपरेटेड है और 7,104 तलाकशुदा हैं। मुसलिम समुदाय में बढ़ती तलाक दर पर मुसलिम सामाजिक कार्यकर्ता मेहरुन्निसा खान ने कहा, "इस रिपोर्ट में तलाक की समस्या की ओर इशारा किया गया है। हम अतिशीघ्र इसकी वजह को तलाशेंगे और समाधान पर काम करेंगे।" मेहरुन्निसा के अनुसार, मुसलिमों में शादियों के टूटने की सबसे अहम वजह है शिक्षा की अलग-अलग स्थिति होना, जिससे पति-पत्नी के बीच अनुकूलता की समस्या पैदा होती है।

यह भी आश्चर्यजनक है कि शिक्षित समुदाय में वैवाहिक उलझनें अधिक आती हैं। राजस्थान का उदाहरण यही कहता है, जहाँ तलाक व सेपरेशन सभी में राष्ट्रीय औसत से कम है। समाज-शास्त्रियों के अनुसार प्रदेश में औद्योगिकीकरण और सर्विस सेक्टर में फैलाव की धीमी रफ्तार इसकी वजह है। साथ ही शिक्षा स्तर का कम होना भी इसका एक कारण है, क्योंकि समाज में आज भी तलाक और सेपरेशन को अच्छी नजर से नहीं देखा जाता।

भारत के धार्मिक समुदायों में निरक्षरता की दर सबसे ज्यादा 43 प्रतिशत मुसलिमों में है, जबकि जैनियों में सबसे ज्यादा साक्षर हैं और इस समुदाय में 86 प्रतिशत से ज्यादा लोग शिक्षित हैं। वर्ष 2011 की जनगणना विश्लेषण के अनुसार जैन समुदाय में सात वर्ष और उससे ज्यादा उम्र के 13.57 प्रतिशत लोग ही निरक्षर हैं। सात साल से ज्यादा उम्र की श्रेणी में मुसलिमों में सबसे ज्यादा 42.72 प्रतिशत निरक्षर हैं। सात वर्ष से अधुक आयु की श्रेणी में धार्मिक सुमदायों के शिक्षा स्तर संबंधी ताजा आँकड़ों के अनुसार हिंदुओं में यह संख्या 36.40 प्रतिशत है, जबकि सिखों में 32.49 प्रतिशत, बौद्धों में 28.17 प्रतिशत, ईसाइयों में यह संख्या 25.66 प्रतिशत है।

हिंदुओं में जहाँ साक्षर श्रेणी में 63.60 प्रतिशत लोग हैं, वहीं मुसलिमों में यह संख्या 57.28, ईसाइयों में 74.34 प्रतिशत और बौद्धों में 71.83 प्रतिशत है तथा सिखों में यह संख्या 67.51 प्रतिशत है।

सर्वाधिक शिक्षित जैन समुदाय के संदर्भ में विश्लेषक कहते हैं कि 25.65 प्रतिशत जैन की शिक्षा न्यूनतम स्नातक है, जबकि ईसाइयों में यह प्रतिशत 8.85 और सिखों में

6.40 प्रतिशत है। हिंदुओं में यह 5.98 प्रतिशत और मुसलिमों में 2.76 प्रतिशत है।

उल्लेखनीय तथ्य है कि मुसलिमों को छोड़कर देश में रहनेवाले अन्य समुदायों में जन्म-दर चिह्नित करने योग्य कमी आई है और यह स्तर रिप्लेसमेंट लेवल से भी कम हो गया है। इसका अर्थ यह है कि यदि जन्म-दर यही रही तो भविष्य में ऐसे समुदाय की जनसंख्या वर्तमान संख्या से भी कम होगी, अर्थात् नकारात्मक वृद्धि पर आ जाएगी। वर्ष 2015-16 में हुए नेशनल फैमिली हेल्थ सर्वे के मुताबिक हिंदुओं में बच्चे जन्म देने की दर 2.1 पर आ गई है, जबकि 2004-05 में यह आँकड़ा 2.8 का था। पिछले आँकड़े के लिहाज से देखें तो यह बड़ी गिरावट है, जो दीर्घावधि हिंदुओं के अस्तित्व को प्रभावित कर सकती है।

मुसलिमों में बच्चे पैदा करने की दर अब भी देश के अन्य समुदायों के सामने बहुत अधिक है। मुसलिम समाज में प्रति परिवार यह आँकड़ा 2.6 है। देश में सबसे कम फर्टिलिटी रेट 1.2 जैन समाज का है। देश में शिक्षा के स्तर में भी जैन समाज के लोग सबसे आगे हैं। इसके बाद सिखों में जन्म दर 1.6, बौद्धों और नव-बौद्धों में 1.7 और ईसाइयों में 2 है। भारत के कुल फर्टिलिटी रेट की बात करें तो यह 2.2 है।

सर्वेक्षण का यदि आर्थिक आधार पर विश्लेषण किया जाए तो न्यूनतम आय वर्ग वाले परिवारों में बच्चों की जन्म-दर सबसे अधिक 3.2 है, वहीं सबसे उच्च आय वर्ग लोगों में यह आँकड़ा सबसे कम 1.5 है।

सामाजिक आधार पर आँकड़ों का विश्लेषण करें तो सबसे पिछड़े जनजातीय समाज में फर्टिलिटी रेट 2.5 है, जबकि अनुसूचित जाति में यह 2.3 है और पिछड़े वर्ग का आँकड़ा 2.2 है। सवर्ण जातियों में यह आँकड़ा सबसे कम 1.9 है। इतना ही नहीं, युवा महिलाओं से पैदा होनेवाले बच्चों की संख्या अधिक उम्र की महिलाओं की तुलना में खासी कम है।

जनसंख्या के ये तमाम विश्लेषण भारत को एक नई, किंतु विकराल चुनौती देते हैं। यदि समय रहते इन जनसंख्या प्रवृत्तियों का निराकरण नहीं किया गया तो भारत देश व इसके नागरिक जनसंख्या विस्फोट के प्रत्यक्ष व अप्रत्यक्ष दोनों हानियों से स्वयं को क्षत-विक्षत पाएँगे।

❑❑❑